童年的赠予

幼儿教师成长的行与思

王 静 ◎ 著

安徽师范大学出版社
ANHUI NORMAL UNIVERSITY PRESS
·芜湖·

图书在版编目（CIP）数据

童年的赠予：幼儿教师成长的行与思 / 王静著 .

芜湖：安徽师范大学出版社，2025. 4. -- ISBN 978-7
-5676-7228-4

Ⅰ. G615

中国国家版本馆CIP数据核字第2025SN4453号

童年的赠予：幼儿教师成长的行与思 　　　　　　　王　静◎著

TONGNIAN DE ZENGYU YOUER JIAOSHI CHENGZHANG DE XING YU SI

责任编辑：孔令清　　　　　　　责任校对：辛新新

装帧设计：张　玲　冯君君　　　责任印制：桑国磊

出版发行：安徽师范大学出版社

　　　　　芜湖市北京中路2号安徽师范大学赭山校区

网　　　址：https://press.ahnu.edu.cn

发 行 部：0553-3883578　5910327　5910310（传真）

印　　　刷：苏州市古得堡数码印刷有限公司

版　　　次：2025年4月第1版

印　　　次：2025年4月第1次印刷

规　　　格：700 mm×1000 mm　1/16

印　　　张：13

字　　　数：206千字

书　　　号：978-7-5676-7228-4

定　　　价：48.00元

凡发现图书有质量问题，请与我社联系（联系电话：0553-5910315）

目 录

童年的赠予

◎ 寻找与发现 / 173

目录

◎ 对话与成长

　　我时常觉得对话是一种幸福，与自己，与星空，与四时的风，与摇动的草，与残败的花，与啾啾虫鸣，与潺潺细水，所有的对话都仿佛成为一种来自远方的安慰。它仿佛以局外人的身份看当下，又回到当下，像一面镜子，让人豁然开朗，很多事情迎刃而解。这样的对话，因真实而充满张力。

被童年选中的人

1998 年 7 月 13 日，我第一次从繁华的济南来到当时略显苍凉的东营，就被一种安静和包容所感动。20 多年来，在海河幼儿园工作的每一天都承载了我的青春，记录了我的成长。那时，第一次见到我的人，总会问一个问题："你怎么从济南到东营来了呢？"我总是笑而不语，尽管有很多原因，但是最根本的原因，我想应该就是："当时的我一想到'东营'，脑海中就会浮现一幅清晰美丽的夕阳下的油井画面。"这个答案并不是敷衍，恰恰给了我一个信念，一种使命感。正是这种使命感，让我二十年如一日地把全部心血都扑在了幼儿教育工作中，就像年轻时的自己在日记本中写下的那样：幼教工作，我要当事业来做。

直到现在，我依然清晰地记得 2010 年在杭州旅游时的一幕：人山人海里，突然有一个六七岁的男孩艰难地穿过人群，径直来到我的身边，对我说："阿姨，我找不到我的姑姑了，您能帮我打个电话吗？"惊讶之余，我和家人一起帮忙联系他的姑姑。后来，看着男孩和他姑姑远去的背影，家人突然问我："那么多人，怎么他就偏偏找你帮忙？"后来我也发现，总有不认识的小孩喜欢盯着我看，甚至还有不到 1 岁的宝宝让从他身边经过的我抱抱。诸如此类，真是不胜枚举。对此，我总是笑着说："也许我就是那个被童年选中的人。"

对话与成长

因为想让更多的家长了解孩子的成长过程，我在本市首次尝试开展幼儿成长档案管理。在我的记忆里，刚开始做这项工作时即使忙得没有休息日，我也不觉得累，因为记录孩子的成长、梳理教育心得是我最希望做的事情。正是有了这些经验积累，我才能不断地反思，继而使反思成为我每日的必修课，反思后的行动又为我重新找到叙事依据。如此的良性循环，成就了后来在山东、江苏等地引起不错反响的儿童文学作品《小六班》，且在《幼教园地》连载三年。回顾撰写《小六班》的初衷，也不过是因为我想以一种更生动形象且具体的方式，让小六班的爸爸妈妈知道孩子们在幼儿园到底是如何生活的。

正是这样朴素的初心、不求回报的付出，让我收获了幼儿教育事业馈赠给我的最宝贵的信任。

我曾经一度思考一个问题：我是特级教师，"特"在哪里呢？带着这个问题，我开始回忆自己的教育生活。当一些孩子嚷嚷着要把教室里的一只小蜘蛛踩死的时候，我告诉孩子们："我们可以和小蜘蛛共同生活在地球上。"当内向胆小的浩宇画错自画像时，他迅速把画全部涂成黑色，然后紧张地捂着画说："老师，我画的是黑森林。"我很自然地冲他一笑，说："这个是晚上的森林吧，一定发生了很多好玩的故事，是吗？"随即，我把这幅"黑森林"布置在六一班画展最重要的位置。当工作室里的老师遇到问题时，我愿意像朋友或姐姐一样去倾听和开导他们。当活动中发现那些主动但被"忽视"的孩子们的时候，我带领工作室成员及时开展"猜猜谁丢了"的游戏……我愿意尊重每一个人、每一件事、每一天的努力。我非常确定地知道，善良、单纯、阳光和执着是我最大的优点，所以我相信自己就是那个被童年选中的人！

正是因为有了这样的认知，所以我从一入职就有一个明确的目标——把幼教工作当事业来做。多年以后，已经退休的老园长问我："静静，你觉得你是怎样取得这些成绩的呢？"我当时脱口而出："是您给予我的信任和自由。"园长听后若有所思，我说："等我写一篇长长的文章来告诉您。"后来，园长读了我的文章，很激动地对我说："谢谢你记得那么多与我交往的细节。"其实我真的从内心深处感谢老园长，因为即便我是那个被童年选中的人，如果没有"肥沃的土壤"，我也不可能获得长足的生长。所以，从这个角度来说，我非常幸运，能从事自己喜欢的职业，同时，这份职业也认可了我。

成长的力量

这件事情过去25年了，但每次想起，我依然会特别内疚。

那是1998年，我从幼师毕业来到幼儿园任教。班里有个男孩叫小巩，不太喜欢画画，我曾采用多种方法激发他的绘画兴趣，但效果都不佳。直到有一天，他知道我家住在济南但回家不方便时，他对我说："老师，我要给你设计一辆车，你可以开着车回家!"第二天，我真的收到了小巩画在纸上的一辆多功能车。车厢分三层：第一层是卧室；第二层是客厅和餐厅，还有一个超级大的冰箱，里面放满了水果和冰激凌；第三层是浴室。我高兴极了，小巩也因为我的激动而变得喜欢画画了，并且越画越好，几乎每天都为我设计一辆不同的车……

那时刚刚上班的我，总觉得自己专业知识不够，所以经常会看一些教育文章。一次，我看到一篇文章里讲了这样一件事：师傅为了让徒弟的画画水平越来越高，每天看都不看就把徒弟的画团起来扔在一边，以激励徒弟不断突破自己，后来徒弟果真成了著名的画家。我自以为可以尝试文章里提到的方法，以帮助小巩进一步提高绘画技能。于是，第二天我看了一眼小巩给我的画，然后顺手扔进了垃圾桶。霎那间，我注意到孩子的眼睛里充满了失落，可我并没有表现得很在意，因为我自认为是在帮助孩子。就这样，孩子刚被我激发起的绘画兴趣又被我亲手扼杀了。后来，我再也没收到过小巩那温暖的画。

这件事一直压在我的心里，自己是多么残酷地伤了一个孩子的心！记忆中，小巩后来慢慢地疏远了我。更令我难过的是，当我意识到自己的过失而想改变时，小巩因为搬家转园了，我便再也没有机会弥补他了，负疚感越积越重。

这件事对我的影响特别大，在后来的教育教学中，我开始关注孩子的内心世界，与孩子之间有了更多的交流，对自己的教育行为也更加谨慎，不再盲目迷信"理论"，开始有了自己的思辨能力。为了更好地理解孩子，我会把孩子们每天发生的事情记录下来，有的时候这样的记录会持续一段时间，比如"菲菲入园后60天记录"。

菲菲是一个3岁的小女孩，入园焦虑情况比较突出，比如她会毫无征兆地突然大哭，并且持续很长时间。哭的次数也多，有一天甚至达到了14次。哭的理由也很奇特，比如天气忽然变了、树叶落到了鞋子上、别人的小椅子夹住了她的上衣丝带……班里的老师非常头疼，找不到什么有效的沟通方法。那时我也与其家长沟通过，感觉他们在刻意回避，通常没说几句话，他们就抱着孩子转身走了。

我把这些事情以日记的形式不间断地记录下来，每次写完的时候，心里会亮堂很多，好像有一个声音在说："菲菲一定会好起来的。"事实确实如此，后来菲菲的家长发现我如此用心地记录孩子的成长变化，沟通态度明显积极起来，交流变得非常顺畅。

两个月后，菲菲顺利度过了分离焦虑期，而我也慢慢发现，记录帮助自己释放了很多压力和情绪。记录的过程就是反思的过程，也是一种对话和倾听，为我提供了更多依据去做正确的回应。如今再读这些文字，我发现自己记录的不只是孩子，还有自己的成长，它如一盏灯，让我可以更明晰地审视自己的教育行为。从此，记录、反思成为我的习惯。

2011年9月，我开始担任小六班的班主任，当时我的孩子也正好入园，所以我特别能理解家长们想了解孩子在园生活和学习情况的心情，

对话与成长

于是开始为整个小六班的孩子进行记录。日积月累下来，当我把这些记录整理成41篇文字的时候，它们也有幸变成铅字连载于省级杂志上。从山东、江苏等地的读者来信中可以看到，有不少幼儿教师因为《小六班》而对幼儿教育有了更多的热情。这给了我很大的鼓励，也让我逐渐找到了存在的价值和意义。

为了能更好地走进孩子们的内心，我会有意识地让自己回到童年的样子，以孩子的视角，看他们遇到的问题，感受他们所处的境遇。比如，有孩子因为一件事情无休止地发脾气时，我会在理解他的情绪之下，有意识地调动童年记忆，把自己调整成与孩子年龄相仿时的状态去陪伴他，同时带着成年人的理性帮孩子梳理出问题的关键，并给予积极引导。如果说走进孩子内心有路径的话，我想应该是这样一种路径，足够柔软轻盈，可以让孩子们真实地感受到来自教师的真诚和关爱。

慢慢地，我明晰了自己内心一直在追寻的朴素、自然、灵动、生长的教育主张，而我的教育日常也因此更加温暖和有力量。比如：

普普出现了"口吃"现象，当班里的孩子第一次表现出带有惊讶甚至想取笑的关注时，我告诉他们要尊重普普，学会倾听，耐心听完普普说的每一句话。

琪琪每天早上9点左右入园，因为行动困难，他上台阶的速度很慢。但我会在楼梯拐角处静静等待，微笑地注视着他一步一步坚定地"走"上台阶。他之所以那么努力，是因为他知道，我一直在他身后无比地坚信他自己可以。

欣欣不小心尿湿了裤子，已经上大班的她紧张地缩在一角，不肯换衣服。见此状，我找来窗帘给她搭了一个属于公主的"帐篷"。最后，欣欣终于放松下来，换了衣服。

在这些教育生活中的每一帧画面里，我都是富足的、放松的，也是积极的、向上的。当然，也有让自己感到无助和无力的时刻，比如面对小朋友出现心理问题的时候，我意识到自己的专业局限，于是尝试把沙盘游戏引入了幼儿园。

回首20多年的成长历程，我总能感受到一种由内而外生长的力量，让自己敢于一次又一次地面对困境，在平凡与坚持中不断地蜕变、成长。我知道这份力量既来自对生命、对童年、对学前教育的敬畏和尊重，也来自和孩子们共同生活的一年又一年中越来越厚重的使命感。我愈加确定，珍惜与孩子们的相遇，在互相赠予爱、信任和真诚的过程中，成长的力量不断汇集、积聚，生生不息！

因你而幸福

今天是 2002 年 6 月 28 日，周五，天气阴。毕业典礼活动开展得相当成功，孩子们背诵毕业诗时，许多人都哭了。

我呢？怅然若失，看到敏敏离开，我哭得像个泪人儿，心想我怎么也那么脆弱了呢？也许感情又触碰到敏感地带了。

看着孩子们在离园纪念册上写的字和画的画，我心里有种怜惜的感觉，也许等他们长大了，便不会认识我们，可是纪念册会给他们留下各种各样的或是朦胧或是清晰的印象。孩子们，生命真的很可贵，你们的童年是单纯和透明亮丽的，就像皓皓的画一样分为两幅：一幅是孩子们在学习，一幅是孩子们从蓝色的滑梯上滑下来。真的太有意思了，要不怎么说可爱的人总是快乐的呢！

我舍不得孩子们，尽管有时候他们太调皮而让我"大动肝火"，我想他们心里明白老师很爱他们。一个个幼小的心灵充满了幻想、求知欲和希望，但愿我没有耽误孩子们，不过我真的已经尽我的全力去教育指引他们了。假如我们以后还会再相见，不知道孩子们还会记得我吗？还会想念我吗？

有时候我也觉得孩子们很吵，吵得都要耳鸣了，于是眉头不自觉地皱起来，拍手不管用，音乐不管用，只好大喊一声："别吵了！"紧接着便是鸦雀无声和嗓子撕裂的痛。我也曾经试图用各式各样的玩具吸引孩子们的注意力，可惜好景不长。所以，有时候我真觉得自己"黔驴技穷"了。但是今天孩子们要走了，偌大的教室万分寂静，静得甚至可以听见空气的流动声。我很想掩面痛哭一场，三年时间如此短暂，我怎么就不曾多和你们开一个玩笑，多做一个游戏，多一些欢呼呢？时间就这样过去了，你们终究会长大，会忘记，老师却要等待下一批小调皮展示自己或者重塑自己。我对自己说，别伤感了，孩子们离园时抱着你吻你的脸时，你不是听见了吗，"老师，我一定会来看你的"！

　　孩子们，好好长大吧，没有什么可以阻挡你们快乐成长。当我们重逢时，也许孩子们只记得照片上年轻的我，而不肯像现在一样抚摸我的皱纹，可是我知道，孩子们的生活曾经因我而幸福过！

　　经历了太多次的离别，伤感的印象却没有因为一次又一次的经历而变得少一丁点儿。孩子们，也许老师永远都不会变得像个成熟的大人一样"处乱不惊"，老师也会脆弱。

　　有孩子曾经看到我在寝室里偷偷抹眼泪，问："你怎么了？有人欺负你吗？你是不是没有朋友？你是不是想家了？"

　　看着孩子稚嫩的眼神，一双不知该往哪放的小手，我知道现在的你是我的好朋友。于是，我会很真诚地对孩子说："我妈妈生病了，可是我现在不能回去，我有点想家了！"

　　这个孩子静静地背过身，低着头突然很兴奋地说："有了，我给你画一辆跑得很快的车，不就行了吗？"

　　还没等我说"谢谢"，孩子就飞快地跑开了。

　　后来看到这个孩子给我画的车，很是感动。车的功能很齐全，有卧室、有客厅，还给我画了我爱吃的苹果和香蕉……

　　这幅画我一直保留着，我很骄傲地拿给我的妈妈看，拿给我的朋友看，因为我知道这辆车承载了孩子的很多爱和关心。谢谢这个孩子给我的安慰，我将永远记着。

　　回想着，感动着，义无反顾，因为我知道，我的生活因为你们而幸福着……

对话与成长

用心体会孩子们的100种语言

一、9月的"纸箱大战"

9月，我把办公室里废弃的电脑纸箱放到户外的阳台上，希望孩子们自己自由地玩耍。他们都是天生的创意者，纸箱被当成碉堡、担架、病床、厨房，完整的泡沫板被当成铠甲、枪炮、弓箭，碎掉的泡沫板便是手榴弹、蛋糕……真心喜欢这样的状态，孩子们说这是"纸箱大战"。当轩轩流利且完整无误地说出"我们要庆祝反法西斯战争胜利70周年"时，我很惊讶，他竟然懂那么多，可见他很好学，记忆力很好。当然，我想"纸箱大战"大约是孩子们期待了很久的游戏吧，我突然有点庆幸，为孩子们找到了一种好的游戏材料。

第一个阶段"自由玩"，出现了大量的教育契机，比如孩子们要扮演空军、海军和陆军等，此时可以充分嵌入国防教育。第二个阶段"涂迷彩"，教师及时介入游戏，让孩子们根据个人的心愿用油画棒在纸箱外边涂画。因为开展过集体活动"迷彩"，孩子们一眼就能分辨出海、陆、空图案，但是画起来却犯难了。他们之间出现了分歧，有的另起炉灶画自己心目中的坦克，有的在涂迷彩的过程中自由添画，孩子们玩得不亦乐乎。

　　再后来，纸箱终于被玩烂了。我们整理收拾准备丢弃的时候，孩子们十分不舍，眼睛里充满了渴望的眼神，可能碍于老师的威严，他们并没有表达出来。尽管这些烂纸板看起来不够整洁，乱糟糟的，但是老师还是尊重了孩子们的意见，留下了一部分。后来，我看见孩子们特别珍惜那几块纸板，玩的时候小心翼翼地搬运，再坐上去的时候都是脱了鞋子。如果不知道整件事情的来龙去脉，可能有的家长看到后会认为老师太不负责了，拿破纸板让孩子们玩，又有谁会看到孩子们内心的可贵呢？而这恰恰也是孩子们100种语言中的一种啊！

二、10月的"小小秋博会"

　　国庆节放假前，我们倡议家长带孩子到农村去感受一下秋季收获的喜悦。果真，国庆假期一结束，教室里就热闹起来了，孩子们带来了各种各样的农作物，谷子、水稻、高粱、玉米、大豆、丝瓜、萝卜、石榴、柿子、棉花、辣椒……甚至还有芝麻，一个早上的时间，在孩子们的帮助下，我们布置出"小小秋博会"。知道这个展台会对孩子有潜移默化的影响，但没想到这种影响可以以创编歌词的形式展现出来。

　　上周和孩子学习了经典歌曲《秋天多么美》，实物道具瞬时派上用场。在往年教学中，孩子们能熟记一段歌词，熟悉歌曲的旋律就很不错了，但是今年的三段歌词，孩子们都能较为熟练地演唱下来，同时还有了新的发现。

　　"老师，为什么歌词里全是女生？"三段歌词分别是棉花姐姐、稻花姐姐、高粱姐姐，可不全是女生吗？

　　"老师，我们编个男生的歌词！"这自然是男孩子的建议，班级里的男孩子们异口同声。

　　"那我们编谁呢？"

　　"玉米爷爷""玉米哥哥""辣椒弟弟"……孩子们的声音此起彼伏，

对话与成长

最终我们确定了玉米爷爷和辣椒哥哥。

"好，先编玉米爷爷的歌词！"

"秋风秋风轻轻吹，玉米爷爷怎么了？"

"满身金珠珠。"洋洋站起来回答。

"好，那接下来呢？你看他怎么了？"我继续问。

"你看他挂着金呀金拐杖！"很多孩子同时想到这句歌词（可见生活经验的重要性了），当然也有孩子说是"黄拐杖"，最终我们还是决定用"金拐杖"。

"最后一句呢？"

"还有白色的长胡须！"这是雯雯的意见。就这样，一段新的歌词出现了。

接下来，我们又创编了辣椒哥哥的歌词："秋风秋风轻轻吹，辣椒哥哥披着红外衣，你看他喷着红呀红火焰，还有绿色的短头发。"尤其最后一句，群群特别强调是绿色的短头发，不是长头发。

孩子们的创编真的不错，而且演唱自己喜欢的歌是真开心。我想着待家长开放日的时候让孩子们唱给家长听，让家长们看看孩子们的想象力多丰富。

孩子们也特别喜欢唱《戏说脸谱》，常常是做着手工就哼唱起来。音乐果真是这世界给人类的最好的礼物。

"小小秋博会"，孩子们用创编的方式进行了表达，可惜我还没想好音乐如何用视觉方式表现，难道只是把孩子们创编的歌词写下来？我们该如何还原那样精彩热烈的创编场面呢？

孩子的100种语言，除了美术作品，其他不易察觉的就忽略了吗？就可以当作从来没有发生过吗？或许这里我们应该想想到底怎么做。

三、11月的"翻绳游戏"

一想到翻绳游戏，班里很多老师很是兴奋，因为翻绳游戏是孩子们自己发起的。有一天，林林带来一根翻绳，孩子们陆陆续续参与进来，儿时的游戏现在依然能得到孩子们的青睐，老师很高兴。不过，比起现在的孩子们，我们的翻绳水平可真不算高。他们自发地准备了不同材质和长度的绳子，老师只是规定了玩的时间，小小的绳子被孩子们玩得很有创意。

于是，老师决定将户外的阳台作为游戏区，让孩子们分散开玩，避免绳子带来的安全隐患。后来，翻绳游戏发展出编绳游戏，材料就是孩子们的跳绳。吃完饭不宜跳绳，但可以用跳绳编绳。彤彤、怡怡，她们都是编绳高手，编个三股的麻花辫不在话下。男孩子中的明明也是高手，五角星、跳伞这些翻绳游戏对他来说轻而易举，全不像他外表看起来的粗犷劲儿。孩子们通过翻绳游戏找到了新伙伴，这是否也是孩子们的一种语言？

只是我觉得有些可惜，这些美妙的时刻不会因为检查而准时出现，不然，大家都会惊叹。怎样做才是切实为了孩子好？孩子的100种语言难道只有眼睛可以看得到吗？环境只是外显的环境？孩子的作品只是美术作品？所谓丰富难道只是多？怎样才是有层次的？我们要的到底是视觉冲击力还是孩子的行为能力？

我曾经读过一篇文章，里面提到现在的孩子很辛苦。我们小时候物资匮乏，殊不知物资过剩之后，选择反而是一种痛苦。我曾就这个问题咨询过侯丽敏教授，侯教授特别用心地给我回复，她提到材料丰富的定义更趋向于层次的丰富。

由此，我想到那块"惨不忍睹"的废旧纸板，那是一堆纸箱的最后一员，甚至谈不上一员，顶多算是一部分；由此，我想到孩子们创编完歌曲之后对"小小秋博会"的再观察，尽管萝卜已经缩水干巴巴的，柿子却由硬变软，尽管棉花依旧吐着白色，但是咧的嘴比以前更大了；由此，我想到孩子们带来的那些长短不一的绳子，虽看起来不是很美观，但孩子们享受的是翻绳带来的奇妙和快乐；由此，我想到"我是值日生"板块的利用率很高，孩子们发现了谁一周做了两次值日，谁今天没

对话与成长

有来，甚至，谁今天做的和上周一样；由此，我想到孩子们披着那些旧的纱巾、蒙着那条黑色的围巾扮演新娘子和怪兽，而那个挂着旧纱巾的晾衣架会根据孩子们游戏的场所而移动；由此，我想到涵宝自己画了一个关于玩绳的新班规，并用彩色图钉钉在了"我们的班规"板块上；由此，我想到自己鼓励孩子们把鞋子作为材料，摆成易于取放的有创意的图案，后来孩子们摆出回形纹、迷宫，甚至他们之间进行了协商；由此，我想到为了鼓励乐乐大胆地表达自己的意见，使她可以自信地与朋友相处，我们在教室里张贴了一张她的大照片，而这可能需要花费心思考虑如何摆放那张照片才能与班级环境融为一体……

这些看不到的行为，这些已经过去了的画面，这些每一个都用了心的细节，是否也是一种教育环境呢？亲爱的孩子们，其实你们的100种语言除了需要用眼睛去看之外，更需要用心去参与和体会。

守着本真，不忘初心，勿人云亦云，于教育慎而又慎！

孩子的快乐就是我的快乐

有次值午班，看着几个怎么也睡不着觉的孩子，实在是惊叹，因为他们会愉快地做一中午的"白日梦"，自得其乐。我时常想，他们的小脑袋瓜里到底在想些什么，我轻声的提醒，仿佛都能打断他们正在上演的故事。于是，在这个难得"安静"的时刻，很多工作中的画面浮现在眼前。

画面一：

"大王老师，你都好几天没来了，你去做什么了？""我去帮忙了。""哦，这个忙挺大呀！""确实如此。"小冯宝贝推推自己的小眼镜，继续说："大王老师，我爱你！""我也爱你！你知道吗，我最爱你睡着的样子。""哦！"小冯宝贝若有所思地玩了起来。当然，这个中午他依然没有睡着。午睡起床后，他跑来笑嘻嘻地对我说："老师，你一中午都没有睡觉啊。我看他们睡得还挺香的。"我笑了起来，原来我在观察孩子们的同时，孩子们也在观察我，显然实在睡不着的孩子其实很快乐。

画面二：

"老师，你猜这里面有什么？"乐乐宝贝托着一个蓝色的太空泥球给我看。"我想是一个蓝色的星球，对吗？""嗯，不对，你再猜猜？""我知道了，是一颗巧克力，对吗？"乐乐笑着说："瞧，我给你看看哈。"

乐乐拿来一把手工刀，轻轻一切，哇哦，蓝色的太空泥中间竟然有好几种其他颜色的太空泥。乐乐笑着说："这是一个汤圆，黄色的是菠萝，绿色的是抹茶，红色的是草莓，给你吃好不好？"我开心地说："那太好了，一定是特别好的味道。"我突然想起就在刚才，乐乐嘟着小嘴问我："老师，我可以玩太空泥吗？"我点了点头，原来小姑娘竟然有这么好的创意。后来，女孩子们都开始做这样的太空泥球了，因为谁也不知道里面是什么"馅儿"的，所以等切开的时候惊喜声不断。

画面三：

小旭有点口吃，但所有老师和小朋友都会耐心地等他说完，没有人取笑他。轩轩发音也不是很清楚，比如他曾经兴高采烈地对我说："老师，周末妈妈带我去科（kā）技馆了。"这个发音实在不容易听清，我假装听懂了，赶紧点点头，后来费了好大工夫才弄明白他去的哪儿。有一次，我正在削苹果，准备给孩子们加餐，小旭和轩轩这对好朋友来告状了。小旭才把"师"这个字说完，就在我刚要问到底发生了什么事的时候，轩轩忽然噘着小嘴巴，"啵"的一下亲了小旭的脸颊，然后两个人相视一笑，拉着手走开了。

虽然我始终不知道发生了什么，但是两个小朋友的举动却让我快乐了很久。也许这就是孩子们要告诉我们的，道歉不一定要说出来，真心的道歉可以是一个拥抱、一次握手，甚至是一次亲亲。

想到这里，我发现孩子们能给予我们的快乐远远大于我们给予他们的，而这些快乐是我们共同的。静下心来，我们会感觉到这些画面中的快乐就像飘在空中的蒲公英的种子，我们可以轻轻捧住它们，也可以继续把它们吹向更远的地方。然而，不管在哪里，这些快乐都会生根发芽。

平凡献礼祖国

早上骑自行车去上班，路上经过一所小学，远远地听到学校的广播里在播放《我爱你中国》，我情不自禁地跟着哼唱起来，可惜一出声，声音哑到自己都吃了一惊。我笑了笑，开学这一段时间确实太累了，新接的小班完全可以用"混沌"来形容。

尽管工作了20多年的我已经接了很多次小班，3年一个轮回也经历了很多次，但是这一次却不知为什么累到无法形容。或许是因为年龄大了，体力跟不上了吧，心里突然生出是不是该退休了的念头。刚好，有一片叶子从我的面前飘落，落在一地细碎的秋天的树影里。已经有些眼花的我，看见那些光影闪烁着、跳跃着，仿佛是一群正在等着我的"小不点儿"。

想起试园第一天结束后，我就可以对着44个孩子的照片，叫出他们的名字；面对一入园就质疑年长的生活老师的家长，我可以临时召开小型的家长会，从专业的角度、人文关怀的角度让这些家长从一开始的略有迟疑到点头称赞，最后掌声雷鸣；最忙碌劳累的时候，我依然可以帮助年轻的老师画出她上公开课急需的8幅连环画——《塑料袋漂流记》……我好像没有老啊，依然对这份工作怀有满满的激情，即便累到失眠，我也会利用失眠的时间把孩子们的表现记录下来，以便用我的经

对话与成长

验和认知给这些孩子提供更好的、更适宜的支持。可是，我就算老了，又如何呢？

朋友见我脸色蜡黄，关切地问："幼儿园怎么这么累啊？也是，我在家里带一个孩子就够'鸡飞狗跳'了，何况你要带40多个孩子。你一定要注意休息，健康最重要。"我笑着回答："熬过这一阵儿就好了，幼儿园的小班前两个月是特殊时期，每个幼儿园老师都会经历一次。"我有时在想，到底是什么支撑我如此劳累还毅然坚守在一线的呢？

眼前忽然出现新搭班的康老师，她是一位较年长的刚入职的老师，但是她的努力完全可以征服任何一个人。第一次见她的时候，她正戴着手套刷女孩儿用的小便池的下水管道。在我的认知里，用拖把把厕所地面拖干净，下水管道用消毒水消毒一下，就符合卫生标准了。但是康老师却在刷根本看不到里面是什么情况的管道，她说："孩子冲厕所的时候水流不够大，导致管道里面有好多污垢，如果不及时清理，时间长了会反味。小班的孩子本来就好哭，再没有清新的空气，那不是更难受了吗？"我听后特别感动，心生敬佩。作为生活老师，她真的做到了事无巨细。个别孩子午睡困难，康老师会抱着孩子哄他们睡着。她说："你不知道，我现在当了老师，在外面遇见孩子，他们远远就叫我，心里可自豪了。"一想到她说的这个画面，我就止不住地流泪，是被她感动，更为她高兴。

同样，年轻的老师也给了我莫大的欣慰。美丽的燕老师第一次当班主任，暑假里就把新班级的环境主题和教学思路想好了，而且开学第一天，她便把做好的环创主题材料拿给我。如果不是对这份工作有强烈的热爱和责任感，又如何能拿出这么令人称赞的作品呢！还有刚刚入职的小武老师，真的像海绵吸水一样使劲地看着、学着、做着……这些镜头一一从我的脑海里闪过，是什么让我们如此热爱自己的工作、热爱自己的幼儿园、热爱可爱的孩子们？我想应该是初心吧！孩子是祖国的未来和希望，作为幼师，我们葆有呵护孩子成长的使命与担当，我们用平凡深爱着这方土地，深爱着我们的祖国。

耳边的歌声更加清晰，一个小女孩儿用甜美的声音和着旋律走过我的身旁，迎面走来的三个小男生搭着肩膀，也仰面高歌："我爱你中国……"我笑着看着他们，眼泪溢满眼眶，我也用自己完全不认识的嘶哑的声音大声唱起来："我要把美好的青春献给你，我的母亲，我的祖国。"

对话与成长

炸酱面的味道

周末在公园里偶遇毕业多年的孩子，曾经的小宝贝已经长成玉树临风的少年，只有眼底还带着些稚气。我尝试着问他："还记得海河幼儿园吗？""当然记得啦。""记得班里有哪几个老师吗？""这个嘛，记不清了。""那在幼儿园里记忆最深的是什么？""哈哈，老师，星期五下午幼儿园还是吃炸酱面吗？"听完，我们都笑了起来。

少年饶有趣味地讲述着幼儿园的炸酱面有多好吃，里面的土豆和肉末软糯浓香，汤汁口感浓郁，最后还不忘加上一句："我妈妈做过很多次，都不是那个味道！"

是啊，炸酱面的味道是怎样的呢？

因为有了这次谈话，我才忽然注意起一个细节，尽管这些年幼儿园的菜谱不断变化，但是有几样经典食谱没变，其中就有炸酱面，还有孩子们超级爱吃的炒米饭和海河式灌汤大包。配料没有变，做饭的师傅没有变，变的只有一茬一茬的孩子们，然而孩子们吃炸酱面的样子也没有变，还出奇地一致。

他们总会先端起碗闻一闻，然后和旁边的小朋友相视一笑，仿佛共享这顿大餐是件无比激动的事情。再然后，教室里就会出现"哧溜哧溜"的带着满足感的声音。很多时候，最后一个小朋友的碗还没有盛完，就已经有小朋友端着空碗，抹着油亮亮的小嘴，挺着小肚子，笑嘻嘻地冲着我们说："老师，再来一碗！"

"再来一碗"这句话，竟然那么耳熟，仿佛能一下子穿越多年。我突然明白，炸酱面的味道里有孩子们童年的美好记忆。那些自由地玩了一下午之后空空的小肚子，有着相同的愿望。这些愿望叠加，使得他们得到了成倍的满足。可见，幼儿园的炸酱面里充满了孩子们共同的期盼，所以味道才变得那么独特。

孩子们聪明得很，他们都记得炸酱面固定在隔一周的周五下午提供，这种有规律的期待也成为他们共同的味觉习惯。如此，是不是炸酱面里也有着规则之美。

是呀，我们知道，不管怎么样，炸酱面总会来的，而且就是土豆加肉末的炸酱面。我忽然想起，就在前几周，炸酱面有了新做法，用包菜和西红柿做料，变成了炒面，还配有鲜美的面汤，看上去色香味俱佳。但奇怪的是，孩子们仿佛并不买账。那天剩的面格外多，而且能感受出来孩子们的失望，或许就是因为期待的炸酱面"爽约"了。

在一个班级里，或者一个幼儿园里，一件事情周而复始地出现，于是每一次的期待都变得很美好。如果有一天它没有出现，孩子们的期待落空，多少会有些失落。但是如果心里愿意相信这只是一个意外，于是期待重新开始。等到期待如约而至的时候，那可真的就是集体狂欢了。是不是这种周而复始的记忆更丰富了炸酱面的味道，让炸酱面变得更有故事？

炸酱面如此，幼儿园的其他项目呢？

每周五下午的足球课，每天做完早操后都玩的刺激的超大型滑梯，隔两周就有的大型室外建构活动……如果留心去听，孩子们的悄悄话里总是藏着这些项目。比如，小朋友问我："大王老师，我就知道你今天要值午班。""你怎么知道的呢？""因为你只要上午不在，中午就会值班，今天还有故事可以听，对吗？"我笑着对她竖起大拇指，并惊叹于她发现了这些蕴藏在生活里的细节。

我是否可以得出这样的结论：对于孩子们而言，一个稳定的生活环境是他们快乐的基础。

　　是呀，炸酱面每隔一周的周五总会出现，孩子们期盼的快乐总会到来，还有什么比这一份踏实的等待更具有力量呢？所以，炸酱面味道的背后，值得我们深思。

童年的赠予

寻找与游戏

一日，和孩子们一起清洗玩具，望着满地的玩具，我突然心生感慨地说："瞧瞧，你们多幸福，有那么多的玩具。"

于是，阳阳问我："老师，你小时候有什么玩具？"

我想了想，很认真地回答："哎呀，我好像只有一个肥皂盒。"

"肥皂盒？那怎么玩？"

"我也忘记怎么玩的了，这是我妈妈告诉我的，我小时候没有钱去买玩具。"

"哦！"阳阳点了点头，随即转身和小朋友一起搬着清洗好的玩具走向阳台。我看见他们的背影被阳光渲染出金色的轮廓，仿佛看见了小时候的自己。

我低头继续清洗，不自觉地就把这些玩具和小时候的游戏对比起来。

拼插类的玩具可以随意做造型，有些男孩特别喜欢拼出自己的"专属武器"，然后在自制的音效中玩出英雄气概。我们小时候的男孩也玩着同样的游戏，只不过他们用的是自己漫山遍野找到的树棍，或者挖地三尺找到的树根，灰头土脸地跑着跳着，把整个小山坡都吆喝成"战场"。

对话与成长

益智类的各种棋子成为大班孩子的最爱，各种各样、趣味横生的棋盘令人爱不释手。我们小时候的棋类游戏也很多，大都是在田间地头用树枝画出棋盘，再去找不同的石子或者土块。下棋的小朋友嘴里嚼着一根茅草根，也能表现得"杀气腾腾"。要是谁家能有真正的象棋或者围棋，那简直要被孩子们羡慕的眼光"打扮"成国王了。

小厨房的"锅碗瓢盆"天天叮叮当当，无限满足着孩子们心中的饕餮大餐，再加上厨师帽等工作服，生活的"烟火气"竟也让人感动。"过家家"真的是一个无限循环、经久不衰的游戏。只不过我们小时候可以有真的烟火，在田间地头挖个坑，用石头搭起炉子，捡来干树枝和干草生火，把"偷"来的没长大的地瓜扔进去，最后捧着根本没烤熟的地瓜吃得不亦乐乎，觉得那是世间最美的味道。

一对比才发现，童年是多么有趣。虽然游戏场景、游戏材料变了，可是孩子们对游戏的那份投入、那份快乐没有变。现在的孩子们可以不用去寻找树枝、木棒和石头等，丰富的、有层次的玩具堆满幼儿园和家里，到处都是，多到令人眼花缭乱。

小时候的我们经常漫山遍野地去寻找快乐，知道哪里的哪棵酸枣树结的酸枣最大最甜，然后用石头围着它画出一个大大的圈，以向所有人宣誓"主权"；知道哪个地方的山窝里还有山泉水，可以当作我们故事中的"大海"；知道哪棵树下的地衣最完整鲜亮，可以在下过雨后赶紧捡回家，成为当天最美味的食材；还知道谁能找到那种能画出白线的滑石，然后成为一个"富翁"……寻找，让我们拥有只有小孩子才知道的秘密。

寻找也是游戏的过程，而且还是那么有趣味的经历。现在的孩子们为什么没有兴趣去寻找了呢？我们是不是可以把这种寻找的乐趣还给游戏本身，还给孩子？孩子们是不是可以丢掉"玩具"，一起去寻找他们想要的材料？

玩具清洗完，我站起身来，看着孩子们玩得热火朝天，又想起记忆深处的一个游戏——警察抓小偷。那时我个头很小，在一起玩游戏的小朋友当中，只能当"小偷"。后来我长大了一些，晋升为"警察"。然后，我好像就只需要坐在门口的大石头上，看一个又一个的"小偷"被"押解"过来。再然后，我变得离这个游戏越来越远，好像没过多久，就变得只能远远地看其他人玩了。再后来，我和一起背着沉重书包的同学开始嘲笑他们，觉得这个游戏真幼稚。最后，我长大了……

现在，我开始寻找，寻找那些游戏中闪亮的内容。

◎ 对话与成长

凡心素简

5月的海河幼儿园美得像一首诗，这里芳草萋萋、杨柳依依，还有宛如清扬的幼儿园老师们。作为其中一员，我仿佛立于境外，眼前舒畅的画面足以值得我炫耀。我是一名幼儿园教师，一名充满自豪感的幼儿园教师。

一、从"小王"到"大王"

1998年7月13日，我第一次踏进东营，从繁华的都市来到当时还略显苍凉的东营，就被一种安静和包容所感动。20多年来，在海河幼儿园工作的每一天都记录了我的青春，记录了我的成长。最明显的变化就是不知从什么时候起，一直被称为"小王"老师的我被称为"大王"老师了。起初，我是特别刻意地对孩子们说："你们可以叫我'小王'老师。"但是孩子们点点头后依旧称我为"大王"老师。好吧，我终于有资格做"大王"了。

二、"不靠谱"的大王老师

我喜欢给孩子们惊喜。比如那天足球课上，天气让人感到舒服，地面被晒得热乎乎的，我跟孩子们玩起了"光脚旅行"的游戏。要知道在家里大部分家长都是要求孩子必须穿鞋子的，可是谁又体会过光脚旅行的乐趣呢。于是，在一阵阵的惊呼声中，孩子们开心地踩着软软的草丛、平滑的木栈道、温热的花岗岩地面……明明和君君一边提着鞋子一边小心翼翼地走着，小嘴巴里还嘟囔着："这个大王老师，不靠谱啊。""我喜欢大王老师，你呢？"……我在一边听着，一边看着孩子们，心里很是得意。我很喜欢孩子们给我的评价，这比获得任何一项荣誉都让我觉得快乐。

三、满满的收获

我真的是一个特别幸运的人。

孩子们给予了我太多，我喜欢记下孩子们的故事，让更多的人知道孩子们的世界，于是《小六班》在《山东教育》连载了41期，差不多5年时间；我喜欢孩子们可爱的样子，于是我以他们为原型画出了200多幅插画；我喜欢和孩子们一起"不守规矩"，享受和他们进行思维碰撞的乐趣，于是我获得了省优质课一等奖、省教学能手等荣誉。

园长和同事们也给予了我很多帮助，他们包容我像一个孩子一样工作，比如在昏暗的雷雨天关上灯，和孩子们一起数有多少次闪电和雷声；他们信任我，让我自由自在地开展工作室的工作；他们看得见我的努力，总是给我鼓励和支持……

所以我有了满满的收获，尤其是富足的心灵，一路成长。

对话与成长

四、我也有迷茫

当我面对孩子们的一堆作品，想尽办法要把它们以最美的方式呈现出来时；当我用消毒液清洗桌椅板凳，但依然觉得力不从心时；当我为使用一个教学策略一筹莫展时；当我身心疲惫无法照顾自己的孩子时；当有个别家长不能理解和认可我的努力时……脑海中总会浮现孩子的笑容，听到孩子们的声音。

"老师，我都想你了。""我们不是昨天刚见过面吗？""那我也想你。"

"老师，您的腰伤好了吗？我给你捶捶腰吧？""谢谢你啊，好多啦。""那你可以给我们带操了吧，跳那个最好玩的操！"

"老师，我心情不好。""哦，这很正常，有时候大人也会莫名其妙地心情不好！""老师，我好了！"

如果真的有一种缘分的话，我觉得自己真的很幸运，与孩子们相遇是我最值得放于心上的一种缘分。孩子们的心好似玻璃一样透亮，我愿意好好守护他们，守护他们的童年。一颗平凡的心，一段朴素简致的岁月，这或许就是我喜欢的纯粹质朴的状态。将来等我老了，我想我最满意的一件事情应该就是选择了幼教事业！

游戏的味道

谦谦坐着"轮胎车"从坡上快速滑下来，天气虽然有些寒冷，但是他的脸红扑扑的，因为兴奋眼睛里闪烁着专注的光芒。等"轮胎车"停稳，谦谦站起身来，抿抿嘴唇，吧嗒两下，好像在品尝什么味道。

见此，站在旁边的我这样问他："谦谦，你的这个游戏是什么味道的？"

"草莓味。"谦谦笑着回答，但并没有看我，他又拖着轮胎车吧嗒着嘴巴努力地向坡顶走去……

可是，这个突然出现的问题却一直在我的脑海里萦绕着。是啊，如果游戏有味道，会是什么样的呢？我又问了几个孩子，他们笑嘻嘻地回答："鸡腿味的、菠萝味的……"

挺有趣的，因为一直从事幼儿园一线工作，也因为一直欣赏和经历着孩子们的游戏，虽已过不惑之年，却常常会冒出一些天真的想法，这样的感觉让人很自在、很放松。我忽然很想问问，在老师们的心里，游戏的味道是怎样的？

一位刚入职不久的老师歪着头，想了很久说："游戏是符合孩子心理特征的，是最重要的基本活动……"

一位入职不到 5 年的老师说："我觉得游戏是榴莲味的，闻着臭，

但吃起来很香，游戏刚开始会怕给团队拖后腿，但熟悉规则后玩起来就很放松。"

很多入职 5~10 年的老师说："是甜的，自由自在的""是畅快的""是西瓜入口的味道""是橘子味的，酸酸甜甜的""一日三餐不可无盐，作为正餐的游戏自然是咸口的、下饭的""是柿子的味道""是沁人心脾的花香味"……说这些话的时候，她们的眼里散发着光。

一位已经工作了 20 多年的老教师，先回忆了自己小时候的游戏，然后特别肯定地回答："小时候的游戏由我们自己做主，想怎么玩就怎么玩，所以游戏是童年的味道。"同时，她也说起了她以前的故事。

"我还记得咱们刚开始进行区角游戏时，要规定人数，还规定不能从这个区角到那个区角。明明有小朋友就想和另一个区角的小朋友玩，可是因为这些规定不能一起玩。"

"是啊，现在看起来那时的做法有很多不恰当的地方，但在当时就觉得那是很正确的教育理念。"

……

一个关于游戏味道的问题，引发了老师们的思考。不同的老师有不同的经历，从而认识也不同，但这些不同中有一个共同点，那就是大家一致认为：游戏对孩子而言是重要的，游戏就是孩子们的生活。

随着山东省游戏试验区的推进，游戏的价值已经深入每一位幼儿园教师的内心。这个问题仿佛"一叶之灵，窥尽全秋"，从不同人的回答里，"游戏"这个词变得更具象了。

因为游戏，我们每个人都发生了改变，有了不同于传统教育的新理念；因为游戏，我们开始真正地尝试去读懂儿童、尊重儿童和保护儿童；因为游戏，我们对于自己的职业有了更多的敬意和荣誉感。

游戏就是童年，可以让我们在回顾自己成长的过程中，更加全面地去理解它、认识它。或许对于每个人来说，当我们的童年因为游戏而被点亮时，我们的生命才是圆满的、充满光彩的。

虽然游戏是甜蜜的、美好的味道，但是游戏推进的过程是辛苦的，是五味杂陈的。所以要转变人们对游戏的认识和理解，需要家长和社会共同努力。但是我坚信，未来会有更多的人懂得游戏，尊重游戏，从而看见童年，敬畏童年！

那么，在你的心里，游戏是什么味道的呢？

对话与成长

慢就是快，少就是多

时间很淘气，我明明给自己留足了余地，但是依然会有各种各样的事情，打乱既定的节奏。在即将进行"齐鲁名师"最终答辩会的那段时间，我心里是焦急的、紧绷的。回首三年来的培养历程，内心有很多话，但又不知该从何说起，所以特别紧张，担心答辩通不过。我知道产生这种心理很正常，因为面对不可控的局面时，人往往会有一种危机感，凡事容易着急。

积极心理学里有句话：慢就是快，少就是多。这句话很有意思，意在告诉我们：凡事切不可急功冒进，要戒除急躁，只有静下心来，看清自己真正想追求的是什么，才能事半功倍。

起初，我并不是很理解这句话，直到我的导师在"齐鲁名师"答辩会之前对我提出了新的要求之后，我才真正体会到"慢就是快，少就是多"的本质其实就是要静下心来。

那一天，我的导师语重心长地对我说："这次答辩，你不要想着自己是不是能一次通过'齐鲁名师'的认定，而是要打开自己的格局，让专家通过答辩来了解'齐鲁名师'的水平。"我认真地记下导师的话，一下子找到了方向，内心开始沉静下来。而我也领悟到，当我们提高自己的站位时，或者说把我们放在更重要的位置上时，只要能看见事物的本质，心自然就能安定了。

当心沉静下来，再回首自己的教育过往时，那些重要的时刻就鲜活起来，背后的表达也清晰起来。当它们如同电影画面一样，一帧一帧在我面前闪过的时候，我知道我该以怎样的状态去面对接下来的答辩了，也领悟了导师的教诲，更明白了做一位名师真正的意义和担当。如此一来，可不就是"慢就是快，少就是多"。

回想自己的教育教学实践经历，那些让自己感动的瞬间都是滋养自己成长的故事。经过时间的淘洗，留下的记忆可以让自己变得更专业、更自信。

那一年支教时，我常在一楼到二楼的楼梯拐角处等琪琪。琪琪患有先天性智力障碍，我见到他的时候，虽然他已经7岁了，但他最多只能连续说三个字，行动也比较迟缓。我知道他心里盼望自己也能和其他小朋友一样，我也坚信他需要老师无条件的信任和尊重，所以我几乎每天都会在拐角处等他，笑着对他说同样的话："早上好，永琪！加油永琪！"一年后，当他说出"王老师，早上好"这句连续的话的时候，我竟然感动得泪如雨下。

有个小女孩因为妈妈生了弟弟，每天都会听到大人们无意识的"玩笑话"：你看，你妈妈生了个弟弟，就顾不上你了。直到有一天，我听到班级里有老师也这样跟她开玩笑的时候，我揽过小女孩说："祝贺你啊，这个世界上又多了一个人爱你。"开玩笑的老师的表情瞬间定住了，显然她刚才没有意识到这句玩笑话的杀伤力，而此刻她也终于意识到自己的失误了。此时，小女孩听到我的祝贺后，露出了久违的笑容。

班里有一个男孩患有轻微语言障碍，作为老师我总会耐心地听他说话，即便是在公开课上，所有的孩子和老师也如平常一样，给予他特别坚定的信任和等待。其他班级的孩子和老师很惊诧于这种做法，而我认为这是我们这个集体的宝贵的财富和气质。等大班毕业的时候，男孩终于可以较流利地与人沟通了。我特别自豪，因为自始至终，我没有让孩子看到师生异样的眼光，看到成人眼里的着急，听到其他孩子的嘲笑声，这是多么宝贵的教育生活。

蓓蓓老师第二天就要参加青年教师优质课比赛，这是她第一次参赛，但是试课总是不理想。眼看她急得就要放弃了，我用一个晚上的时间带她一点一点地梳理教学设计，并告诉她：教学为什么这样设计，这样设计体现了什么教学理念；孩子们的回应会怎样；如何接住孩子抛来的球，再抛回去；怎样做到精彩的师幼互动……晚上10点以后，视频中头发凌乱的蓓蓓老师简直像一只猫头鹰。第二天一早，比赛之前，我又与她沟通，并不断鼓励她。当她完成比赛的时候，所有人都为她鼓掌。就是那次比赛，我指导的6名青年教师全部获得了区一等奖。于我而言，更重要的是蓓蓓老师飞跃式地实现了专业和心理上的成长，通过比赛获得的勇气和信心应该比获得一等奖更值得骄傲。

诸如此类事情，我经历了很多，并被自己感动着。正是这些细节构成了我的教育生命，让我懂得尊重和自尊。孩子是"本自具足"、充满灵性的，我们也可以保有这样的天真，在更加宽广的心理空间里，让孩子们试错、成长，这是多么宝贵的事情。在我看来，这就是教育。正因为有了这样的实践积淀，我才会源源不断地创新，把每节教学活动的理念都调整到最为适当的状态，让教学充满无限有趣的创意。

了解自己能有什么作为，能做什么，然后尽全力去推动支持一个系统的建立，我觉得这太重要了。在这样的生活中，我放弃了一些获得荣誉的机会，让给更需要被认可的年轻教师，让他们在迷茫之中坚守自己的教育初心。这些应该就是老教师的教育情怀吧！

当然，"齐鲁名师"答辩会的结果是很好的，我最终以课题成果及答辩全部优秀的成绩完成了对"齐鲁名师"的认定。此刻的我，是自信的，也是骄傲的。我感觉自己坚定了很多，不管前路如何，希望自己可以有更多的机会创造更多的精彩。我要永远记得，真实和真诚是最有力量的，也永远记得人生的路很长。我要带着一颗悲悯之心继续纯粹而善良地工作和生活，与有缘的人遇见，珍惜每一次的相逢。如此，静下心来的意义才更凸显，慢才真正成为快，而少也最终变成多。我想，那是一种回归本真、看见初心的状态，也是坚守"不忘初心"到了"最后一米"。

不遗余力的新教师培训

有一年我承担开发区新教师培训工作，培训题目是"思行观评，期许成长——关于幼儿园集体教学活动观评要素的思考"，这是命题培训，我被安排在最后一天的下午。准备工作花了不少精力，从和工作室成员一起调研到确定最终培训题目，再到PPT的不断补充和修改，我想我是不遗余力的。

一、以分析为基础，让培训更加高效

我想培训的最后一天，教师们的状态和精力与培训前期相比会有明显的不同，尤其是新教师难免会略感疲惫和浮躁。如果像往常一样全程让他们一直坐着听，应该不会有很好的培训效果。

实际上，这次命题也适用于小学甚至中学阶段的教师，没有涉及作为幼儿园基本活动——游戏的相关内容。那么如何既完成规定内容，又能有一些引领作用？我做了一些尝试和创新。我把心理学的一部分体验内容融入培训中，目的是让新教师了解教学评价对于孩子们的重要性，于是"贴标签"游戏应运而生。

"贴标签"游戏是一个倾向于心理体验的活动，参与者需要围坐成

一个圆圈，闭上眼睛，主持人将红、黄、黑三种颜色的圆形标签，随机地贴到参与者的额头上，然后请参与者睁开眼睛。看到红色标签的人，不管对方的反应如何，都要热情地和他握手或者拥抱；看到黄色标签的人，需等对方主动和你微笑、握手时，才可以做出回应；看到黑色标签的人，不管对方是什么反应，都要转身就走，态度冷淡，不回应。

游戏结束后，教师们的感受特别强烈，尤其是被贴了黑色标签的教师，感觉特别压抑。所以，我们又给被贴上黑色标签的教师每人一个大大的拥抱。这个游戏让教师们体验到幼儿园教师作为孩子"重要他人"的作用和意义，从而可以让他们对自己的言谈举止、对自己的职业有更多的认识和敬畏感。

二、以实例为载体，形成教育思考

我一直特别喜欢贾平凹的《许先生》这个故事，也许通过物理学家许伯威先生的故事更能理解什么是尊重与内生动力。我在讲述这个故事时，很多老师都会点头回应，说明这个故事也引发了他们的深入思考。

培训现场刘老师带来的音乐公开课非常成功，完美的师幼互动，在阵阵掌声和欢笑声中，完成了一节生动具体的课例，让新教师们有了可以观摩实践的载体，收到了很好的培训效果。

三、利用可用的资源，让体验更直观

培训过程中，在让教师体验"目标在心中，清晰表达"环节中，我请现场的男教师参与调整场地，让他们讲述自己记忆深刻的故事等，这些都极大地调动了教师们的积极性。因此，从他们的眼睛里我可以很清晰地看出那种兴奋和专注。

总之，整个授课过程中我是自然的、放松的，那天虽然身体不大舒服，但是我始终充满激情。新教师是未来的希望，学会如何用更新更好的教育理念与孩子沟通和交流对未来的教育生活格外重要。为了让新教师快速成长、少走弯路，为了无数孩子们的健康成长，也为了心中的执念，认真对待、用心准备每一次培训内容，永远都是值得的。

　　想想多有趣，哪怕累得脚哆嗦，我依然会把当天的培训反思写完。及时反思并记录的习惯要慢慢养成，让其成为一种具有惯性的动力。挺好的，因为，累并心安着。

对话与成长

与于老师的对话

　　我们工作室的成员是于盼老师课题的研究对象。于老师就像一面镜子，让我们可观自己，正衣冠。在一次对话中，我们谈到学习共同体的意义和作用时，于老师问了我四个问题。回答完这些问题后，我意识到自己有了新的想法，学习共同体的价值是显而易见的，但学习共同体的质量如何更为重要。如果它是一言堂，是一种上下级关系，那么它的学习氛围不是平等的、尊重的、舒适的、有松弛感的，可能于大家而言就是一种阻碍。

　　在与于老师的对话中，很多想法层出不穷，即新生出很多原来并不清晰或者从没有想到过的看点和视角。这样的感觉太好了，在交流中我一直处于被认定和鼓励的状态。

　　对话中，于老师给我推荐了两本书，其中就有一本马丁·布伯的《我与你》。他说，该书作者认为，真正决定一个人存在的东西，绝不是"我思"，也不是与自我对立的种种客体，而是自己同世界上各种存在物和事件发生关系的方式。后来，我购买了此书，读完受益匪浅，此书为我打开了一个新的视角，欣喜之余"陶养计划"应运而生。

　　"陶养计划"的目标就是让工作室的每一个成员都具有内生动力，拥有智慧的教育生活。该计划的两个主要支架是沙盘游戏与读书，当然还有第三个隐藏支架，即每个人的生活，也是最为重要的活水，贯通始终。沙盘可帮助成员客观地看待自己的教育实际或者所遇到的教育事件，通过共同体的互相分享，学会从第三视角再审视。读书可帮助成员以更高的姿态实现对教育生活的理念引领。

"陶养计划"的每一次活动都有三个阶段，第一阶段是接纳，可以是各种有趣的签到仪式；第二阶段是步入正题，提供各种有趣的沙盘游戏；第三阶段是现场反馈，即每个人都有表达自己的机会。这种学习模式从2016年开始慢慢固定下来，工作室老师坚持学习，不断成长，最终提升了自己。

与于老师对话时，他说我们真的把工作室自然、灵动、生长的理念内化到了行动中，每一个细节都能感受到学习的氛围。于是，我跟他讲了两个教学片段。

片段一：有一天，我看到一个孩子吃手指头，便问孩子："手指是什么味道的？"第二天又见她吃，我继续问："今天手指是什么味道的？"就这样，每每看到孩子吃手指，我都问孩子这个问题。孩子每次只是笑笑，后来孩子慢慢改掉了吃手指头的习惯。为什么反复说教没有用，这样的对话却可以起到不错的教育效果？因为孩子也懂得言外之意。她需要被允许，而不是一味地被苛责，她真正需要的是关心。只有了解孩子的内心需求，改变才能够发生。

片段二：有一天下午，排队送孩子离园，队伍里一个胖胖的小男孩"翩翩起舞"，与整齐的队伍显得格格不入。我走过去学着他的样子跳起来，于是他立在那儿有些害羞地看着我。然后我对他说："你将来有可能成为一名舞蹈家。"他的脸一下子就像盛开的花儿一样，笑得非常灿烂。等第二天我再看到他的时候，他对我说："老师，我编了一个新动作。"但是他没展示就走出校门了，只冲我笑了笑，接连几天都是这样。大约一周以后，我再也没看见他在排队时"手舞足蹈"，也许是因为他发现了排队时跳舞既没有遵守规则，也不能很好地展示自己。

怎样让老师对孩子们的回应自然而有生命力，也就是实施高质量的

对话与成长

陪伴和教育，这就是"陶养计划"的目的。教师需要先变成一个"有趣"的人、有灵性的人，"剑"在心中的人，这样才可以在有外人在场时表现得专业而充满热情，无外人在场时依然如此。因为更多时候是无人在场的师幼互动，这样的每时每刻构成了我们的生活。我们允许孩子们，也允许自己，适时保持适当的松弛感。

与于老师的对话，感慨颇多，特此一记。

愿为"青鸟"，守护童年

孩子的世界永远都是生机盎然的景色，充满希望，蓬勃生动。在25年的时光里，我陪伴了一批又一批孩子们，这既是作为一位幼儿园教师的幸运，也是一份沉甸甸的责任。如何将这一份"生机"守护好？怎样把孩子的童年完整而有意义地陪伴好？我在不断地审视思考与努力践行中如履薄冰。对童年的敬畏不只停留在理念认知上，更存在于工作中的每分每秒，流露于生活中的点点滴滴。现在，我越来越认识到，自己的使命就如一只青鸟，在成人与孩子两个世界之间架起一座桥梁，让孩子们的童年更加珍贵。

一、做学习和实践先进理念的引领者

在"齐鲁名师"评选的第一次集中培训破冰活动中，大家一起为团队取名。当时"青鸟"一词一下子就浮现在我的脑海里。青鸟是殷勤的信使，它传递着梦想，而我们每一个人都如青鸟一般传递着引领幼儿教学实践的先进理念。于是，我提出用"青鸟"一词，大家都特别认同，最后"青鸟逐梦"成为我们团队的名称。

青鸟逐梦是我们每一位幼教人的状态。在25年的一线工作中，我深

刻地明晰自己的责任，努力学习着先进的幼儿教育理念，并成为积极的引领者。在全省幼儿园户外自主游戏如火如荼的推进中，海河幼儿园的教师也产生了各种各样的困惑，比如什么是自主游戏，游戏的价值是什么，教师如何观察和记录幼儿的自主游戏等。根据自己的专业优势，我给年轻教师开展了一次题为"他山之石"的讲座，意在帮助他们坚定信心，明晰概念，厘清思路。在平时的教研过程中，我也积极发表自己的观点，带领年轻教师思考户外自主游戏推进初期的规则，与他们展开对如何退到孩子身后等具有实践价值的问题的讨论，以给他们更多理念上的支持。

对教学活动的游戏化思考一直是我重点关注的问题。2021年4月，在开发区艺术领域教研活动中，我作了题为"乐由心生——关于幼儿园音乐教学活动的几点思考"的专题报告。报告前期，我用调查问卷的方式先后在开发区部分幼儿园进行了调查，为获得更为准确的数据，又积极联系青岛、济南、淄博等地的教师扩大了样本范围，对问题进行精准聚焦，报告结果较真实可靠，教研活动取得了很好的效果。

2018年11月，经省教育厅选拔，我参加了山东名师赴新疆喀什地区和新疆生产建设兵团第十二师送教活动，讲授了示范课《快乐的小鼹鼠》，并进行了教学经验交流活动，把东部先进的幼教理念带到边疆；2019年，我积极参与了全市"送培训、基层行"活动；2020年，我在开发区新教师培训中作了题为"教育情怀与师德修养"的讲座等。这些努力均获得了一些赞誉和认可，让我有机会把学到的幼教理念在更大范围内推广。

自2016年起，先后成立了东营市王静名师工作室、支持利津王静流动名师工作室、开发区王静学前教育工作室等；2020年，在网络上组建"林间芳华志愿团队"，与东营、济南、滨州、菏泽、河口、利津、广饶等地的幼儿园教师开展教学研讨以及经验交流活动。之所以成立工作室，是因为工作室是更好地推广和引领先进幼教理念的"花园"。为了祖国的花朵，我会和工作室成员一起把这些"花园"打理得更为丰厚，让孩子们向阳生长。

二、做守护和尊重儿童生活的实践者

对于一直坚守在一线的自己来说，最大的使命就是积极践行教育理念，关注每一个孩子的成长。工作以来，我一直进行教学反思与记录，只是记录的载体由原来的笔记本变为电脑，再到如今的多媒体产品。从文字到影像，我的记录已经不是单纯的记录，它更像是一种诉说，那是童年给予自己的无可替代的秘密，由此可以清晰地看见孩子们游戏背后的真实需要和状态。

2020年，我开始利用美篇进行课程故事记录，如《寻冰游戏》《有趣的植树节活动》《植物的根》等，这些记录有时是一个瞬间，有时长达两个月。如果不是真正做到与孩子们平等相处，是很难有机会看到他们的那些闪光时刻的，我们也很难被那些寻常时刻打动。

当大范围开展户外自主游戏的时候，室内区域游戏在很多幼儿园都出现了被弱化的情况，但是我们知道一日生活皆课程，室内区域游戏必有它不可替代的价值。因此，我带领班级年轻教师对室内和室外游戏进行双管齐下的推进。我积极引领班级教师更新教育理念，不断调整教学目标和要求，一个学期进行了三次室内区域游戏的迭代升级。从如何认识区域游戏材料，到区域是否固定，再到幼儿游戏时的观察指导和支持等，最后我们班级成为全园的示范班。这是一个从形成标签到撕掉标签再到内化标签的过程，实实在在地帮助年轻教师们对教师职业有了新的认识和思考，也生动深刻地实践了先进教育理念。

当孩子们把他们珍惜的小贴画送给我，偷偷地对我说希望我值午班，还煞有其事地说我今天还没有抱他们的时候；当我每天早上站在幼儿园门口迎接孩子们，并与他们击掌的时候；当害羞的欣欣尿湿裤子躲在角落不肯换衣服，而我用窗帘为她临时搭建了一个帐篷的时候；当我帮孩子们守着一个又一个秘密的时候：我想我可以骄傲地对自己说，我

对话与成长

是自豪的。在我看来，一个人要学会与自己相处、与他人相处、与环境相处，心中有善意，怀里有感恩，这些就是人生最初的底色。

三、做传播和珍视童年价值的沟通者

教育是一种生态关怀，它需要合力。当灵动活泼的豪豪因为要上各种各样的特长班而脸上出现越来越多的"愁云"时，当家长面对中午哭闹着要求被接回家的孩子而感到焦虑和无计可施时，当家长的一个又一个问题接踵而至而传统的家园沟通方式无法解决时，我觉得是时候要通过学习充实自己从而探寻新的解决问题的方式了。

2020年始的疫情，让居家生活和学习成为主旋律，此时的我越来越意识到家庭教育的重要性，作为一名省特级教师，我必须要做点什么。于是，我和工作室的老师们一起制作了"家有小魔兽"系列微课程，最后得到了广大家长的认可。

突如其来的疫情也让我更加坚定了将沙盘游戏引入幼儿园的信心。沙盘游戏室于2019年底建成，2020年下半年正式用于课题研究。我们分别进行了大量的儿童个体沙盘、家庭沙盘和小组沙盘活动。整个研究实践以实验班级为重点，着力解决家长提出的个性化问题。开展活动之初，我们积极、耐心设计相应流程，所以每次活动结束都会得到家长们的高度认可。每一个班级的第一次沙盘活动课，我都会把"幼儿园阶段的孩子为什么必须以游戏作为基本活动"这个问题，以深度体验的方式传递给家长，让家长明确游戏的目标和方向，让其成为家长面对教育内卷化而产生焦虑的有力支撑。

积极培养年轻教师成为家庭指导教师，让教师们在助人的过程中实现自助。虽然这些都是志愿活动，但是有时候为了一个问题如何设计常常夜不能寐，精神时常处于高度集中的状态，因为我知道这样的交流和沟通是必需的，它更加有效，更加生动，也更加深刻、入心。

四、成为童年赠予的幸运收获者

回首过往，自己是踏踏实实一步一个脚印走过来的，虽然辛苦，但是很幸福，因为我是最幸运的收获者。25年的教学时光里，先后获得山东省特级教师、第四期齐鲁名师、山东省教学能手、山东省首届学前教研十大名师、山东省百佳教师、东营市学科带头人、东营市教学能手等荣誉。2022年12月，又被确立为齐鲁名师领航工作室主持人。2023年1月，通过遴选我又参加了教育部新时代学科领军教师示范性培训项目，从此开启了与全国各地名师的交流与学习。

兼任班主任的14年里，所带班级被评为"瑞吉欧幼儿教育中国化研究"课题研究优秀集体；主研、参研省级以上课题5项；在《中国教育报》《幼儿教育》《儿童与健康》《幼教园地》等国家级、省级幼教期刊上发表论文或案例70多篇。从2011年7月至今，于《山东教育》连载儿童文学作品《小六班》《西山坡的小孩》。2013年，所写《静思静语诗意生活》被选定为全省幼儿教师远程研修课程资源。2016年，应邀为广西师范大学出版社"魔法象"系列绘本撰写导读。2017年至2019年，获得全省学前教育优质课一等奖荣誉，并多次执教市级公开课。2020年、2021年被聘为山东省"互联网+教师专业发展"工程省级工作坊主持人等。2022年10月，以课题研究和答辩全部优秀的成绩被认定为山东省第四期齐鲁名师。

一系列荣誉的获得仿佛是一个一个的脚注，它们告诉我，每一份选择的背后是纯粹的初心和不懈的努力，是清醒的认识和不变的坚守。既然童年选择了我，那么我就做好一只"青鸟"，勤勉努力，架起桥梁，让更多的人看见童年、敬畏童年，而我也将继续陪伴每一个相遇的孩子，守护好他们的童年。

对话与成长

◎思考与智慧

　　我常觉得思考是一件很美好的事，尤其是对一些问题进行持续的思考，那种感觉就像努力解一道数学难题，豁然开朗的那一刻格外幸福。大约是因为有这样的习惯，所以思考成为我最喜欢的一种休闲方式。遇到难以解决的问题时，我最常去的地方是河边，看着清澈的河水，在一种无形的安抚之下，心慢慢静下来，仿佛有很多能量向我聚拢，于是思绪荡起层层涟漪，问题得到解决。伴随着一个又一个问题的解决，我慢慢理解了从容，也慢慢找到了最接近智慧的状态。智慧是什么呢？我想就是愿意把一件事情放在更广阔的心里，虽然知道一切都不可能完美，但可以像水一样滋养生命……

在路上

收拾书橱，意外地发现十余本码在角落里的记录本，老旧的封皮，有点尘封了的味道。我像找到神秘岛的藏宝图一样，满怀期待地打开本子，那一页一页纸上并不漂亮的字迹，隐约有一个年轻的我在生动地忙碌着。

翻阅着这些记录本，过往的记忆一点点被勾起。记得刚来东营的时候，一到周末同事们就都回家了，只有我因为家远而总是一个人待在宿舍里。想象一下，那时的我应该比较孤单，而记忆中的我总是一个人背上自制的画架去清风湖写生。那时的晚上呢？我不禁莞尔，想起春春的玩笑之语："人家下了班都聊天，你整天跟狼嚎一样！"因为那时的我，每天晚上都会练声乐、弹钢琴、练舞蹈，一个人待在自己的班级里，如饥似渴地练着学着，一点也不觉得辛苦。现在回想起来，那些日子是多么充实又有活力！

记录本上密密麻麻地写满了工作反思，很长很长，有的内容还加了着重号。读着这些既很热情也很迷茫还带着些莽撞的文字，眼前清晰地再现了我在专业之路上的成长。大约是刚上班的时候，我纠结于优质课与日常教学的关系，误认为与其把大量的时间用在准备一节有点表演性质的课上，还不如踏踏实实和孩子们过好每一分钟，于是倔强的我放弃

思考与智慧

了参加优质课评选的机会。那时我的认识是多么肤浅！经历了很长一段时间的历练，在老教师们的言传身教下，我才真正发现了准备优质课的精彩和独到之处。尤其是在休产假的时候，我想念上课的感觉到了极致。现在回想起来，那时的弯路，成就了我后来深刻与厚实的工作经验。工作十年之余，我参加了省优质课评选，成为东营市第一位省优质课一等奖获得者。

记录本上记载的都是孩子们的故事，每每翻阅，每一届孩子的笑脸都明晰起来，乔木啊，小柱啊，逸飞啊……他们现在有的上大学三年级，有的上高中，有的上初中，还有的上小学。原来我并没有忽略和孩子们相处的那些日子，我一直潜心、认真而又如履薄冰地试探着走进他们的童心世界。原来我一直被孩子们喜欢，每天都像我被小泽怡夸赞一样很开心。那天一进班里，不知道是谁先开口说："王老师，你真漂亮啊！"然后，孩子们夸赞我的声音此起彼伏，正当我听得心花怒放的时候，小泽怡跑来，特别甜蜜地对我说："王老师，你真漂亮啊，像唐僧一样漂亮！"瞬间，我惊呆在原地，然后问："为什么不是像嫦娥一样漂亮？"她认真地回复我："因为嫦娥没有唐僧漂亮！"哦，我亲爱的孩子，听到这话，我真的有点哭笑不得，但我知道，我在孩子们的心目中是漂亮的！也正因为如此，我的心一直被孩子们暖暖地感动着。

我小心地把这些记录本重新归置好，又有了动笔的念头。这一路走来，我不曾记得的那些努力，不曾记得的那些付出，原来都悄悄地留在了这些文字之中！有一天，兰兰姐说："你什么时候练的字，刚来单位的时候，你的字算难看的，现在不说是园里最好看的字，也是很好看的了！"我呵呵一笑，心想没有练过字啊，原来这一本一本的文字记录，不仅记录着我的成长，还让我有了一份额外收获啊！这些遥远的文字真实地告诉我：一路走来，我走得很踏实。

感谢那时用文字记下这些美好时光的我啊，因为字里行间传递出的是难能可贵的平实。现在的我依旧在自己的小小空间里敲打着一些琐碎的文字，但此刻的我，多了一份宁静，多了一份感恩。

也许，要等到若干年后，才能显现出我的努力。几十年的行走，"努力"这两个字背后的艰辛和劳累只有自己知道，但时间就像筛子，记忆中留下的总是快乐的时刻，比如我幸运地认识了《幼教园地》的编辑黄老师。她对我的鼓励带着一种诚意与呵护，我不敢懈怠，也不敢不努力，因为付出是一种尊重，既是对黄老师的尊重也是对自己的尊重。在每一次我想放弃的时候，黄老师仿佛能洞察我的心思一样，一篇篇文字翩然而至，这让我知道，原来我做的这些事情是有些许用处的，是有价值的。正是这样的点点滴滴，如同深夜里的星光一般，闪烁着那样温和而又细腻的哲理，引领我不断成长。虽然未曾与黄老师谋面，但是我总想着她是一位多么有内涵、有修养、有气质、从容优雅的人。我相信，我的感恩是明净而清透的，黄老师一定感受得到，而我能做的，就是不辜负黄老师的期望，做最真实的自己。

如今的我，依旧行走在路上，未来的梦想越来越清晰。读到过这样一句话：如果你想让你的孩子成为什么样的人，你就去做什么样的人。我从容地面对生活和工作中的每一次挫折与失败，在短暂的不安中迅速找到正确的方向，在努力与付出中等待着我的梦想悄然而至。

在路上，我能感受到春天的气息；在路上，我能闻到空气中的花香；在路上，我能在行进中懂得关爱的美好……一路走来，我做着自己喜欢做的事情，有那么多人的帮助，那么多人的关心，那么多人的信任，那么多人的期待，我是幸运的。我要好好地打包一份礼物寄给未来的自己，待经历岁月的沉淀，再一次翻看自己书写的这些文字时，我会露出欣慰和欣喜的笑容。

我想一定会的！

从《小六班》到《西山坡的小孩》

《小六班》连载结束的时候，编辑黄老师一直问我能不能续写，当时考虑到孩子们已经毕业，尽管自己多年的工作中这样的故事比比皆是，但是关于小六班的故事确实无法与其他班孩子的故事联系在一起，因而就此搁笔。黄老师说，读者对小六班的故事意犹未尽，内心期盼着《小六班》可以继续，所以我并没有给它收尾，算是暂停一下，留一个空间。就在《小六班》暂停的时间里，黄老师鼓励我为《童年镜像》栏目写一点文字。在与黄老师的沟通中，我渐渐发现原来自己内心里的小孩形象还是很清晰的，自己童年时的记忆一下子就被唤醒了，于是《西山坡的小孩》开始连载。

一、从《小六班》到《西山坡的小孩》是一个内心渐渐醒悟的过程

《西山坡的小孩》已经连载至第9篇，说实话，起初我对《童年镜像》栏目的理解确实有一些懵懵懂懂，不是很了解为什么非要写童年镜像，只是单纯因为信任黄老师。后来在黄老师的引领下，我开始寻找童年的记忆和感觉，然后一篇篇地创作和修改。直到有一年暑假，我去上海参加幼儿游戏与个别化学习的研修班，听到黄园长在讲座中的观点：

教师因为缺少心理学的支撑，所以难以解读孩子的行为，我才忽然发现了童年镜像的重要性，也开始理解黄老师深刻的内隐的智慧和用心。或许由于量变达成了质变，再次翻阅《小六班》与《西山坡的小孩》时，我才发现，这是一种特别自然而且必要的进程，或者说这些文字是从不同的角度和深度带领我走进孩子们真正的内心世界。

二、从《小六班》到《西山坡的小孩》是一个客观梳理趋于理性的过程

回想自 2011 年第 7—8 期第一篇《小六班》开始刊载到结束，4 年多的时间里，感觉自己一直在不断地梳理，也经常进行一些思考，其中最重要的是坚定了自己一直崇尚的朴素的教育观。小六班每天发生的事情因为有了这样的记录变得历历在目，每个孩子的发展情况在我的心里更加具体形象，如此的良性循环使得我可以更加客观地观察他们，并且走到他们的身边，真正实践"蹲下来和孩子说话"的教育理念。

在《西山坡的小孩》里，大量真实的童年记忆在自己的内心里重新鲜活起来，其带来的最显著的变化是：从尊重孩子到理解孩子，我对孩子具备了更多的同理心。当然，同理心只有具备切实的类似的体验才可以建立。当遇到孩子有一些不同的行为表现时，我首先要想的是，如果我是孩子，我会怎么办，我期望老师可以给予我怎样的支持。

这一系列的变化让自己能够更加深切地体会到，作为一名幼儿园教师要学会用感性的态度面对理性的事情。这就是教师的专业素养，而教师专业素养的提高并非一日之功，需要事事用心，时时用心，不断学习。

三、从《小六班》到《西山坡的小孩》是一个从关注表象到探究内在的过程

《小六班》和《西山坡的小孩》记录的都是孩子们的故事，不同的是，《小六班》更关注孩子们发生了什么，老师该怎么回应，孩子们又

◎ 思考与智慧

是怎样改变的，而《西山坡的小孩》更关注孩子们的心理状态。两个故事很像是树冠与树根的关系，这样的关系能最大限度地营造一种研学的氛围，引领我们关注孩子的内心，从而对读者产生一些启示。

在写《西山坡的小孩》的时候，出现过一段小插曲。其中有一篇叫《会画画的二姥爷》，这篇文章从头至尾是一气呵成的，我感觉自己就像是回到了小时候。尤其是文章最后，描写小女孩从门缝里看见二姥爷坐着蒲团一点一点移动回家的画面时，这种仿佛回到童年的感觉特别真实。但是，当时黄老师给了我中肯的建议：文字描述是寻找童年的感觉，不要写成小说了。本是写得很轻松的一篇文章为何让人感觉倾向于小说，而削弱了童年的感觉呢？或许描写得画面感太强，以至于太过清晰，让读者忽略了童年的感觉而过于注重情节了。这真是一个不太好理解的点。直到现在，我还是会小心翼翼地将样稿发给黄老师，然后等着黄老师的点评。要知道感觉这个东西很微妙，曾一度让我失去了一些信心，迷茫起来。那么，童年的感觉到底是什么样的呢？

当你觉得困难的时候，正是你将要有收获的时刻，于是我开始试着让自己在更开阔的视野里去体会。经过不断的谨慎的尝试，我决定先让自己回到当下，重新经历一些事情，然后用新的视角去记录和思考，最后这种童年的感觉才真实，而这种回归也正是探索自己内在的最好途径。

四、从《小六班》到《西山坡的小孩》是一个不断收获的过程

很感激黄老师一直以来对我的引领和信任，从《小六班》到《西山坡的小孩》已经有近 10 万字，虽然字数并不是很多，但是这些文字无时无刻不在记录着我的成长。因为《小六班》，我得到了很多老师的认可，从那些读者的来信中我对自己有了另一个维度的认识。原本以为再平常不过的文字真的对很多老师产生了一些影响吗？我是否可以多一些自信在自己的岗位上继续用心地去做？原来只要静下心来，我也可以做

一点对别人有益的事情……这些小小的念头让我更加注重审视自己的所思所想，读者的回复于我而言，既是一种信念的坚定，也是一种行为的鞭策。

《西山坡的小孩》给了我一次重新审视内心的绝佳的机会。在自我审视的过程中，我突然意识到，自己小时候的成长环境是多么自由和宽松，而这种自然的成长既源自生命本身的力量，又是多么独特。童年时期乐观的态度、天马行空的想象都是我取之不尽用之不竭的礼物，而我接下来要做的就是，在当下带有浮躁的环境里保护好孩子们的童心，护卫好孩子们的童年。

尽管人们曾经都是孩子，但很多人再也不能感受童年的味道，而作为幼儿园教师的我们却可以很幸运地保留心底的那份童真。其实，童年的故事就在那里，只要我们用心体味，就可以像西山坡的小孩在草丛中找到一块"水晶"那样，再次享受童年带给我们的快乐。我真切地认识到孩子们的游戏不会停止，我们要尽力寻找童年的感觉，体会孩子们的所思所为，也许这就是从《小六班》到《西山坡的小孩》的一点写作价值吧！

◎ 思考与智慧

孩子的自发游戏

在日常生活中，很多家长苦恼于不知道怎么陪孩子玩，也看不懂孩子的游戏，把孩子的游戏看作"闹腾""淘气""捣乱"等，甚至网上越来越多的声音把孩子戏称为"小神兽"，因为他们"上房揭瓦，简直要把家给拆掉了"。殊不知，这些在大人眼里看起来是捣乱、破坏的行为，很多都属于孩子的自发游戏，里面有很多门道。

什么是自发游戏呢？主要是指孩子根据自己的兴趣和需要，自由选择、自主展开的一种自然生成的游戏。在自发游戏中，孩子会更投入，思维也更活跃，更能激发想象力和创造力，从而会更乐观、积极地面对问题，解决问题，更容易体会到成功感，促进身心和谐发展。

由此可见，看似"捣乱"般的自发游戏，其实是十分珍贵的。如今，我们要秉持以幼儿游戏为基本活动的教育理念，创设各种情景支持幼儿游戏，也要注重观察幼儿的自发游戏并给予支持。用心观察就会发现，家庭环境中孩子的活动更加自由，所以更容易产生自发游戏。那么父母该如何支持、帮助孩子通过自发游戏获得更好的发展呢？

一、正视游戏价值，保护孩子的游戏兴趣

孩子是在游戏过程中学习，从而获得发展的。所以，对孩子的游戏怀有敬畏之心，保护好孩子的游戏兴趣，是父母需要建立的认知。

场景一：3岁的小鸣午睡起床时有些赖床，他无意间发现被子可以用来玩捉迷藏的游戏，于是躲在被子里，迷迷糊糊地对妈妈说："妈妈，我们可以再玩个捉迷藏的游戏吗？"说完他闭上眼睛，嘴里假装发出"呼呼"大睡的声音。妈妈见状并没有要求小鸣马上起床，当听到孩子说玩捉迷藏的游戏时，尊重了他的意愿。因为没有强行阻断孩子以游戏为理由的"赖床"，所以孩子用被子玩游戏的兴趣便被激发出来了。

接下来，孩子把被子搭成"窝"，然后将"窝"扑倒；围着叠起来的被子转圈跑，边跑边自编儿歌……新游戏不断产生，妈妈始终保护着孩子的游戏兴趣，并抱有赞赏的态度。孩子因此得到更多的认可和自信，从而创造了更多游戏，比如把被子变成舞台、山坡，用被子来盖房子，被子上的褶皱成为小汽车的道路、变成恐龙的窝……这样的自发游戏持续了很多天。正视游戏价值，孩子不断地思考，游戏形式不断地改变，从而真正培养了孩子的创新能力。

二、退到孩子身后，支持孩子的游戏进程

当我们觉得孩子想要"捣乱"时，可以试着退到孩子身后，静观他的游戏，当他需要帮助时给予适当支持。这既是一种教育智慧，体现了以儿童为本的教育理念，也能提高孩子的游戏水平，促进游戏的顺利开展。

场景二：小鹿宝宝发现毛线团特别好玩，当把毛线拉出来挂在各种玩具上时，他发现它们很像"蜘蛛网"。虽然毛线把家里弄得有些乱，但妈妈准备看看他会如何玩，因此选择不评判、不阻止。接下来，小鹿

思考与智慧

宝宝开始有意识地把毛线团挂到楼梯扶手上，但因为个子不够高，就请妈妈帮忙。妈妈立即答应，并且在挂毛线团的时候，像朋友一样问小鹿："是挂在这里吗？""这样可以吗？"有了妈妈的支持和帮助，毛线团很快就变成了"封锁线"，一场新的闯关游戏开始了。小鹿宝宝试着钻、跨、绕、越过各种高低不同、复杂无序的毛线，妈妈的支持使得游戏的难度增加了、乐趣增强了，同时孩子还获得了体能锻炼。

一直站在身后的妈妈不无感慨地说："这样的游戏我怎么没有想到呢？"可见，退到孩子身后，给孩子更广阔的游戏空间，这才是孩子最需要的。

三、参与孩子的游戏，给予孩子积极的关注

孩子在游戏过程中需要玩伴。在家中，孩子的自发游戏往往需要家人参与，但参与要有一定的原则，即需要对孩子进行积极的关注。也就是说，父母要像阳光一样陪伴在孩子身边，让孩子在游戏时感受到被认可、被关注，从而促进游戏的开展，促进亲子感情的培养。

场景三：一天，小歌突然发现家里的精装绘本可以用来当搭建的材料。于是，他在爸爸的帮助下，将绘本搭成了飞机场，用扑克牌搭成了飞机场的跑道，然后把家里所有的玩具飞机都运到"飞机场"，此时他需要爸爸也拿着一架飞机和他一起玩起飞的游戏。爸爸非常乐意地参与游戏，并认真倾听小歌自言自语的游戏内容，随时关注他的需要。小歌说："我的飞机快没油了。"爸爸的飞机就变成了"空中加油机"。小歌说："我的飞机坏了，需要修理。"爸爸的飞机就变成了维修机器人，三两下就把飞机修好了。一会儿，小歌说："飞机里的乘客需要佩戴口罩，注意不要被病毒抓住。"爸爸的飞机就变成了携带消毒液的救援飞机……正是由于游戏过程中，爸爸一直在全情投入地积极关注孩子的游戏，才使得游戏内容更加丰富，而孩子也在游戏过程中和爸爸建立起更亲密的亲子关系。

孩子是天生的游戏高手，简简单单的一床被子、一个毛线团、几册绘本……这些家里最常见的材料，在孩子眼里都变得无所不能。而在我们看来乱七八糟的场面，往往是孩子游戏中最美好的世界。比如，应该在书架里的书，被孩子摆满整个房间，场面初看真的是一片狼藉，但当我们稳住情绪问问孩子才知道，原来那是他新修的停车场。此时再看，竟发现看似摆放乱七八糟的书本竟然有着需要仔细观察才能发现的规律。孩子们诸如此类的游戏不胜枚举，而这些游戏也让我们不由得赞叹孩子天生的强大的想象力和创造力。

　　作为父母，如果我们能以赏识的目光看待孩子的自发游戏，就会从孩子身上发现越来越多的惊喜。当我们退到孩子身后，给予孩子积极关注时，就会帮助孩子通过自发游戏获得更全面的发展。若如此，可谓为人父母的一大幸事。

五步助力青年教师成长

青年教师的成长一直是幼儿园工作中极为重要的部分，从某种意义上说，教师的成长代表着幼儿园的成长。在成为齐鲁名师建设工程人选的几年里，结合个人的成长历程，借助工作室建设的平台，我在引领青年教师成长方面进行了一些新的尝试。几年来，工作室的年轻教师们逐步成长为心中有理想、头脑有思考、手中有专业、脚下有行动的骨干教师，取得了令人欣慰的成绩。回首过往，这些尝试在促进青年教师成长的同时，也让我逐渐形成了自己的教育思想，并慢慢凝练成工作室独有的朴素自然的文化和氛围。

一、结合青年教师最近发展区，制定个性成长规划

幼儿的发展具有最近发展区，同样，青年教师的成长也具有最近发展区。比如有的教师对幼儿的游戏感兴趣，有的教师在音乐教学方面有优势；有的教师对游戏的指导和支持已经得心应手，而有的教师还处于较低水平等。那么我们就需要根据教师的具体情况，帮助他们寻找突破口，找到工作的成就感，建立起对未来成长的合理期望。比如，可以以3年为一个周期，先在自己最容易获得成就感的领域进行扎实的学习实

践，逐步突破瓶颈，慢慢拓宽视野，切忌人云亦云，随波逐流。个性化的成长规划更容易帮助教师形成个人的教育特色，从而实现群芳斗艳、百家争鸣的教育盛景。

二、阅读与行走拓宽教育视野，激发成长内驱力

不少青年教师入职以后，存在一种情绪上的懈怠感，认为终于有了工作，可以松口气了，缺乏主动成长的意愿。还有部分青年教师在日复一日的烦琐工作中，渐渐失去了新鲜感，对幼儿园工作无法建立起可持续的认同感。我认为这些情况与青年教师缺乏成长的内驱力有关，而成长内驱力的激发又与个人的教育视野和对教育原点的思考有关。他山之石可以攻玉，我们都向往美好的"风景"。培养良好的阅读习惯或外出参观学习，可以拓宽我们的教育视野，引发我们对自身现状的思考，对未来的思考，对责任的思考，甚至对人生的思考，从而有效激发成长的内驱力。

三、给予充足时间、空间和充分信任，允许教师慢成长

成长是需要时间的，任何的拔苗助长都具有毁灭性。尽管我们迫切需要青年教师快速成长，但一位教师没有积累，没有错误，他的成长可能是快速的，却是不结实的。因此，不管是管理者还是其他角色，我们在给予教师成长环境的同时，内心一定要有接受青年教师慢慢成长的决心和毅力。总之，青年教师在专业能力方面的成长可以是先行的、快速的，但在形成个人教育特色方面的成长是全方位的、急不得的。我们要有这样的认识，抱有这样的合理期望，才是对青年教师成长最为有力的支持。

○ 思考与智慧

四、分享名师工作生活思考，促进教师自我反思

有了规划，有了认识，有了支持，还需要在方向上不断调整，而此时名师的引领示范作用就显得尤为重要。这里的引领不仅有专业方面或工作期间的，更应该有工作之余、课程之后的。工作与生活在教育者的身上是难以明确分割的，因为教育的目的就是"教"给孩子如何生活。生活往往是教育灵感的源泉，而我们所熟知的名师，他们对生活的反思，他们的价值观和生命观，他们的生活态度和处世原则等，都可以帮助青年教师在对照和比较中实现自我成长。

五、关注教师心理，借沙盘游戏接纳成长的烦恼

成长从来都不是一帆风顺的，随着社会对教师的要求越来越高，各种各样的压力难免会让教师有这样那样的烦恼。关注教师的心理状况，接纳教师的负面情绪，让他们学会释放负面能量，对教师的心理健康尤为重要。在实际工作中我们借助沙盘，成立教师成长小组，互为"树洞"，互相支持，在不断开发的沙盘游戏中，潜意识的游戏目标更加清晰，动力更加充足。总之，人性化的环境更能让教师找到归属感，激发教师的创造力，从而真正实现教育这门艺术。

在名师的全方位示范引领和积极的心理支持背景下，帮助青年教师制定合理的个性化的发展规划，激发源源不断的成长内驱力，允许合理期望下的慢成长，青年教师终究会实现灵动和结实的生长。

童年的赠予

适时营造仪式感

教研活动的有效性，在于参与的老师能够在研讨中有所收获。在工作室开展的"家庭教育指导案例撰写"研讨活动中，我有意识地营造了一些仪式感，以期引发教师们"走心"，让大家愿意动笔去写案例，去记录自己的所见所想，从专业的角度形成自己的思想。

一、创意签到，吸引教师全情投入教研活动

教研活动的签到环节，一定时间的等待时常发生。如何让教研活动的签到环节变成引发大家教研热情的热身活动？我对签到的形式进行了一个小小的创新——根据参会人员的数量，我提前绘制了一幅白描荷花图，每个人可以自由选择画中一片空白的地方，艺术性地把自己的名字填入，完成签到。如此一来，每个人在签到的时候，都会用心思考，思考怎样填入名字，既可以让这幅画因为个人的名字而有更多的美感，也可以让自己的签名在这幅画中具有协调性，还可以感受个人在团队中的独特性和对于团队的意义，真正体现团队的整体性和思考的整体性。我知道，团队成员只有全情地投入，才能让自己在团队的研讨活动中有所收获，让整个团队有所发展。

一幅有创意的签到图，给老师们带来耳目一新的感觉，奠定了教研活动的氛围和基调，可以让老师们带着一份美丽的心情，做一件美好的事情，以积极的状态投入研讨活动。

二、学思研习，引导教师联系实践自我反思

教研的目的是解决老师们在日常教学实践中遇到的具体问题，因此，教研的内容必须与想要解决的问题密切相关。教研活动要以具体的事例为研讨载体，既让老师们有恰到好处的理论学习，也让老师们能联系实践自由展开讨论，进而解决遇到的实际问题。

本次研讨，我在活动前遴选了两篇文章，以此为切入口，给老师们提供学习和当场练习的机会，帮助他们厘清案例撰写的相关问题。

一是讨论什么是随笔、论文、案例。

这个问题的抛出，让老师们拥有了一次在比较中思考的经历。有的老师提出要把握关键字，比如随笔的"随"，论文的"论"，案例的"例"，并对它们之间的关系展开一定的思考。有的老师还没有更深入的了解，显得较为茫然。通过这个环节的讨论，我了解到老师们当下的理解层次，并通过对三种体裁的再讨论，辨析了写作的重要性。以一线教师的视角，我把自己对这三种体裁的理解分享给大家："随笔可以为案例做准备，案例又为论文提供素材……"很多老师频频点头表示认可，显然，大家在研讨中正理解消化每种体裁的专业性、客观性和科学性。

二是讨论怎样确定文章的题目。

关于怎样确定文章的题目，是老师们一直觉得比较困难的事情。对比两篇文章，一篇题为《悦享同乐》，另一篇题为《全纳教育背景下——让每一颗星星都发光》。我先请文章的作者分别谈了谈自己确定题目的初衷，同时又和老师们讨论什么样的题目才是合适的；然后和大家一起讨论主标题和副标题的作用；最后，在对文章从结构到内容都进行修改之后，和大家一起修改文章的题目，总结确定文章题目的方法和

技巧。在这一环节，我向大家提出了自己的建议："确定文章题目可从三个方面入手，一是指向案例（关键人），二是指向方法措施，三是指向个人强烈感受……"有了这样的路径，老师们普遍感觉有了抓手。

三是研讨案例的文章板块、布局、结构等，并根据每一板块的内容承载，了解具体的写作角度和方法。

在这个过程中，我先选取了一篇文章，一边对其进行结构上的调整，一边让大家了解家庭教育指导案例的内容板块，并最终确定了书写案例的四大板块，即案例描述、采取措施、行为变化、总结反思。这样的写作结构，能帮助教师更好地认识案例中隐藏的关系，从而为逻辑表达做好框架。随后，我用另外一篇文章作为文字调整的当场练习，就怎样写好每一板块的内容，根据开发区全员培训中提出的关于"游戏观察"的要求，采用白描的方法，针对现有文字进行逐字逐句的修改。以"案例描述"板块为例，对每一个镜头的描写，都需要教师从画面中走出来，客观记录看到的、发生的，其间，要注意不能记录自己的判断、自己的感想等。这一部分内容的写作技巧对教师们的触动非常大，因为从大家平时的观察记录中所反映出的问题看，教师的观察记录往往没有镜头感，表述常常不知所云。有了这样"调整机位"的体验，教师们真正理解了什么是白描。

四是感受书面语言和口头语言的不同。

逐字逐句地修改案例，大家在阅读的时候，不时会有教师哑然失笑，这说明大家已经在这个过程中体会到了书面表达与口语表达的不同，意识到了自身存在的问题。为了帮助教师们培养这种书面表达的意识和习惯，每个学期末我都会安排一个学习任务，即假期精读一篇专业文章，仔细寻找上下句的关系，感受书面表达的严谨性和逻辑性。

三、平等对话，让每个人都被看见

工作室的每一次研讨活动结束时，都有一个固定环节，即参加活动

的每一位老师都要发言，可以是收获、疑虑或其他。这是一个平等对话的环节，也是老师们最为期盼的环节，因为大家可以毫无保留地说出自己的心声，体验到自己被团队所肯定的成功感，同时获得一种"自己值得被团队看见"的成长能量。

作为工作室的主持人，我很重视教师在教研活动中的自愿度，只有去行政化、去强制化、去专家化，才能让大家在团队中获得安全感和表达的自由感，并在顺其自然的心态下实现放松的交流和最大化的收获。给团队中的老师提供研讨的平台，让他们进行无关对错的表达，敢说真话，反映真问题，让他们正视自己的问题和不足，彼此之间形成一种良好的能量流动。从自由阐述讨论，到最后的依次讲述，整个团队的教研活动非常高效。

活动的最后，还可以请老师们在纸上写下2~4个关键词，提炼自己的感受，链接自己的体验。关键词的提炼，可以帮助大家带着一种充满仪式感的情节，将本次活动的要义深刻于脑海中。或许，随着工作的繁忙和压力，大家会忘记研讨活动的具体内容，但这些深入脑海的关键词，将会成为教学经验储备，为接下来的专业成长之路提供一些能量。

家庭教育指导案例撰写研讨，是一次充满仪式感的"走心"教研。先是签到形式的创新，让每位教师感受到白描图画暗含的意义，也让老师们对本次教研形成一种具象的记忆；再是以具体案例为载体的逐字逐句的学思研习，给了老师们可操作的抓手，让纸上谈兵转变为真正的行动，使得不愿写不敢写的老师勇敢迈出了第一步；最后是平等对话，让老师们感受到被尊重、被接纳和被包容，给每位老师真实存在的精神支柱，使得学习共同体成为真正有活力和凝聚力的存在。我们期待，有更多充满仪式感的"走心"教研，以丰富多彩的内容和形式，吸引老师们全身心投入，从而不断推动青年教师的专业成长。

"沙盘游戏"家庭教育指导

幼儿家庭教育指导是幼儿园的一项重要工作。但学校以家庭教育讲座等形式开展的灌输式指导，普遍存在教育理念认同但不具个性化，指导效果一般。随着沙盘游戏在学校教育中的广泛应用，我们尝试运用意象沙游理念开发家庭教育指导课程，取得了很好的实践效果。

沙盘游戏是运用意象（积极想象）在自由与保护的空间中，把沙子、水和沙具运用于意象的创建。沙盘中所表现的系列沙盘意象，营造出沙盘游戏者心灵深处有意识和无意识之间的持续性对话，以及由此而激发的治愈过程和人格（灵性与自性化的）发展。

应用于家庭教育指导的沙盘游戏，本质是一种沟通与交流的方式，更准确地说是一种媒介。它的最大魅力在于，以游戏体验的方式，帮助家长从当下抽离，从而可以从旁观者的角度，重新审视自己的家庭教育，获得感悟。由此，家长不但能看到自身存在的问题，还易于接受建议并作出改变。对教师而言，借助意象沙盘游戏"去治疗化"的特点，结合"守护、陪伴"的教育理念，可以更加深刻地理解心理学在教育中的独特意义，为家长提供更专业的家庭教育指导，从而获得更高的职业自信。

沙盘游戏具有极强的游戏性，沙游者（参与沙盘游戏的人）通过自

◎ 思考与智慧

由自主地选择沙具（用于沙盘游戏的各类玩具），在沙盘中摆放沙具、制作沙游作品，从而建立起一种场景。守护者或带领者（沙盘游戏的组织者、指导者）通过提问、倾听、转化等策略，帮助沙游者客观地重新审视和发现自己沙游作品中反映出的问题，从而达到自我认知的重新建构。

一、集体沙盘，助力家长了解家庭教育基本理念

集体沙盘是指由10名或以上人员共同参与沙盘游戏的形式，其优势是游戏性更强，利于家长对家庭教育的一般规律有更深刻生动的认识。教师作为沙盘游戏的组织者，在游戏过程中给参与者足够的积极关注，倾听并接纳参与者的想法和认识，帮助参与者发现自身在家庭教育方面的问题。以下是一次集体沙盘案例，从中可见一斑。

参与人数：40人。

沙盘数量：10个。

活动内容：关于目标的重要性。

活动过程：

（1）沙具分组。以报数形式将家长分为A、B两组。A组家长先在室外等候，B组家长在沙具橱柜中选择一个最吸引自己的沙具，并自由放置于任一沙盘中，每个沙盘中放2个沙具。之后两组交换，B组家长在室外等候，A组家长进入沙游室，同样从沙具橱柜中选择一个最吸引自己的沙具，然后在已经摆好的沙盘中选择自己最心仪的沙具，并将自己的沙具放置在其侧。最后请B组家长也回到沙游室，坐在自己的沙具旁边。至此，以沙具为载体进行的10个小组的分组以及同一沙盘中的2个分组同时完成。

这个过程很有特点，经常有共同参与的父母，虽然一开始报数分为不同组别，但在放置沙具的过程中，依旧由于被同类型沙具吸引，分到了同一个沙盘小组中。共同参与的父母惊呼其奇妙的同时，也再次验证

了沙盘游戏在调动参与者真实性和客观性等方面的独特作用。

（2）游戏目标的重要性。将每一个沙盘纵向划分为两个区域，第一步，两个小组各推选一人选择一种沙具代表到达目标地的交通工具。第二步，其中一组选择代表目标地的沙具，另一组不选。第三步，每一个沙盘中的两组同时移动交通工具到达目标地。此时，因其中一组只有"交通工具"，没有目标地，所以在游戏过程中出现了不同的体验。第四步，带领者引导沙游者分享自己的感受。尤其是没有目标的一组的交流会更有感触，从而认识到目标的重要性。

（3）交流学前阶段培养的目标和方法。有了刚才的游戏感受，家长对目标的重要性有了更深刻的体会，更愿意主动了解学前阶段培养的目标，了解幼儿学习方式与成人学习方式的不同，从而对幼儿园以"游戏"为基本活动有了更清晰和专业化的认识。

以沙盘为路径，以家长对自己教育行为方式的认识、如何理解情绪、怎样进行有效陪伴等普遍性问题为内容，教师开放性地设计相关游戏，让家长在放松真实的状态里达到更好的家庭教育指导效果。以上案例一般作为第一次游戏的内容，让家长在游戏中获得不同以往的体验，使他们可以更主动地参与接下来的家庭教育指导活动。

二、小组沙盘，巧妙解决家庭教育共性问题

小组一般是指参与人数在10人以下。小组沙盘因问题的同质性，其指导的目的性更强，便于教师有针对性地设计游戏过程，同时要提前预设可能出现的问题，使家庭教育指导更有内涵，交流过程的指向性更深刻、更明确。

小组沙盘的一般游戏过程如下：

（1）准备阶段。教师在家长群发布招募启事，请具有同样问题的家长自愿报名参与沙盘游戏。

（2）游戏阶段：首先是放松。参与者抚触沙子，在带领者的语言提

思考与智慧

示下，逐渐达到放松状态。其次是制作沙盘。带领者宣布游戏规则，然后参与者按照一定次序选取沙具，依次摆放于沙盘中，大约进行6轮或者10轮，直到游戏结束。参与者之间没有语言交流，带领者需仔细观察参与者的动作、表情等，并及时做好记录。最后是交流。带领者通过与参与者回忆整个沙盘制作过程，如选择某个沙具代表了什么，某个沙具给你的感受是什么，其他参与者的沙具摆放形式对你的影响是什么等，帮助参与者梳理游戏过程。沙游作为一种意象活动，参与者在放松的情况下会非常自然地讲述一些事情，所以带领者需做好倾听准备，保持一定的同理心，带着充分的包容性和不评判的心态，给予有效回应。

沙盘的奇妙之处就是，当参与者在放松和信任的状态下制作沙盘时，其制作过程和最终的沙盘作品会比较客观地呈现出当下的状态，随着参与者与带领者之间的交互性提问，以及参与者之间的交流，很多问题会变得清晰，从而使问题迎刃而解。更有意义的是，因为小组沙盘是由一个共性问题组成的，所以其团队支持的作用会格外明显，参与者之间可以形成一种互相促进、共同面对的良好状态，更易于问题的梳理和解决。

三、个体沙盘，有效支持家庭教育特殊案例

沙盘游戏首先被大众熟知，就是因其在心理疏导和心理咨询方面的有效应用，因此，它天然地具备解决家庭教育特殊案例问题的优势。当沙盘以个体沙盘进行的时候，教师被称为"守护者"更为恰当。此处的"守护"一词，很明确地表达了个体沙盘的状态和性质。

个体沙盘可以为有特殊需求的家庭进行接近于心理咨询的家庭教育指导。在游戏过程中，教师更多的是支持家长自己发现自身问题。在个体沙盘案例中，我们可以很清晰地看到沙盘中呈现出的来自家长的疑惑和问题，尤其是家庭成员共同参与的沙盘中，其更能将每个人的具有识别特点的行为呈现出来，从而为家庭成员之间开诚布公地讨论提供媒

介。很多当事人察觉不到，但对其他家庭成员有印象深刻的认识或者行为等，在沟通之中得以发现，从而使家庭成员之间的沟通有效、明确。

作为一种指导家庭教育的新路径，沙盘游戏其最关键的在于能够帮助家长发现自己的内在动力，让家庭教育变得更具科学性和自觉性。在游戏过程中，教师也因准确的目标定位、开放的环节设计、积极的观察倾听、润物无声的理念引领、有效的交流互动等提升了个人的专业能力和素养。

开发并实践"沙盘游戏"家庭教育指导课程，我们要像相信儿童是"有能力的儿童"一样，相信家庭是"有能力的家庭"。在这个过程中，我们看到了家长在家庭教育中的行为变化与教师在家庭教育指导能力和素养方面的成长。

◎ 思考与智慧

幼儿劳动教育的"三宜三忌"

中华民族自古以来都是"以辛勤劳动为荣，以好逸恶劳为耻"。劳动教育作为中国特色社会主义教育制度的重要内容，其意义与价值不言而喻。如何在幼儿园中开展劳动教育，让劳动教育真正成为孩子们全面发展的重要内容和途径，下面以班本活动"周末大放送"为例，谈谈在幼儿园中开展劳动教育的"三宜三忌"。

一、班本活动"周末大放送"

"周末大放送"是在大四班开展的班本活动。升入大班后，孩子们有了更强的自理能力，可以更好地开展值日生工作。为了提高孩子们的劳动意识和能力，大班时我将普通的值日生活动进行了升级。以小组为单位，孩子们分周一到周五五个小组进行值日。每天值日完成后，孩子们会领取相应的"工资"。"工资"是由彩色长条卡纸制成的，长短大小适合孩子们的手掌大小，便于收纳整理。其中，红色卡纸标注"1元"，即代表1元人民币；黄色卡纸标注"5元"，即代表5元人民币。每项工作的"工资"由孩子们和老师共同商定，比如较为容易的擦桌子、搬椅子对应1元"工资"，而拖地、洗勺子对应5元"工资"。另外，还有一种绿色的"2元"工资，是孩子们在非值日时间帮其他小朋友做值日的特殊"工资"，也可以理解为志愿服务，所以这一类工资，孩子们可以选择领取或者放弃。

周一到周五，孩子们需要保管好自己的"工资"，然后在每个周五下午的自主游戏时间，参加班级的"周末大放送"活动。孩子们可以用"工资"购买一周内自己或他人制作的手工作品、老师出差带回来的地方特色零食等。此活动有两位负责卖东西的小朋友，他们是大家推选出来的；活动"商品"的价格也是孩子们自己定的，一般一件手工作品"1元"，一份特色小零食"5元"。孩子们参与"周末大放送"活动时购买"商品"，让"工资"得以利用。一个学年后，孩子们不仅劳动能力得到了长足的发展，而且在社会性交往、生活中的数学应用和金钱管理观念等方面都取得了明显的成效。

二、幼儿园开展劳动教育的"三宜"

一是宜注重对幼儿劳动进行积极反馈。这里的积极反馈是指正确评价、合理反馈。比如当孩子完成了值日生工作时，教师可以用表情和动作及时给予充分的肯定。在"周末大放送"活动中，教师不仅注重精神层面的及时评价，也以游戏的方式帮助孩子对自己的工作进行量化评价，让孩子们初步理解什么是多劳多得，并且可以正面促进孩子对劳动技能的主动学习。比如，当孩子发现自己还不能很好地完成较有挑战的工作时，孩子会主动向同伴学习，并且主动在家中练习，从而快速提高劳动技能。

值得注意的是，教师对孩子获得"工资"的合理反馈也非常重要。孩子们每次领取完"工资"，教师都会用拥抱、表扬或者与孩子们击掌的方式表达自己的感受，比如用语言表扬孩子：你今天扫的地比之前更干净，老师真替你高兴。这种日复一日的随机评价会给孩子积极的心理暗示，即帮助孩子感受劳动本身带来的成功感和愉悦感，引导孩子不只

思考与智慧

为获得更多的"工资"而劳动。

　　二是宜重点关注幼儿的劳动乐趣。在大家的认知里，劳动是相对枯燥的，所以于孩子而言，发掘劳动中的乐趣就显得非常有意义。在"周末大放送"活动中，教师会鼓励孩子们把平常不起眼的事情做出乐趣来，比如午睡时，值日生小朋友会把乱放的鞋子重新摆好，但是长此以往地把鞋子摆成一个样子，尽管完成了劳动，还是缺少一些劳动的乐趣。于是，教师鼓励孩子们将鞋子摆出一些造型，比如爱心形、正方形、圆形等，由此鞋子成为孩子们的"建构材料"。值日生小朋友的精心制作往往给睡醒后的孩子们一个惊喜，摆鞋子这件事情从此变成了一件充满乐趣的劳动。带着这样的心情，孩子们在进行劳动时更容易发挥自己的聪明才智，再比如将洗好的盘子摆成不同的造型，将洗好的勺子按照大小和方向的规律码放得整整齐齐……这些不一样的小小创意让劳动变得有趣而轻松，不断激发孩子们参与劳动的热情。

　　三是宜保护好幼儿的劳动意愿。在日常生活中，我们常常会遇到这样的情况，怕孩子做不好、添麻烦，干脆直接不让孩子做事情。比如，一开始让孩子们收拾图书角，孩子们因为收纳整理的能力有限，往往会越整理越乱；刚开始洗餐具时，孩子们洗不干净，需要老师重新清洗一遍；等等。此时，很多心急的老师容易在情绪或者肢体语言方面否定孩子们的劳动，大大挫伤了孩子们劳动的积极性。所以，在刚开始为孩子安排劳动的时候一定要考虑到孩子的能力发展水平，选取有一定挑战性但适合孩子的事情，然后巧妙地给予指导。在日常中，教师可以这样指导孩子们：在整理图书时，可以让孩子们先观察书架，参照现有的摆放方式，自主发现收纳整理的方法；在清洗餐具时，让孩子们先仔细观察，并通过清晰的标识，学会餐具的归位；等等。久而久之，孩子们定会在劳动中得到发展。因此，教师要有意识地把劳动作为一种课程资源，允许孩子们犯错试错，并在不断发展的过程中保护好孩子想参与劳动的意愿和兴趣。

三、幼儿园开展劳动教育的"三忌"

一是忌形式主义。为了完成劳动教育而劳动是最不可取的，在幼儿园阶段劳动教育的核心是培养幼儿正确的劳动态度和良好的劳动习惯。假如教师不能从本质上理解劳动教育的价值，把劳动教育当作一种上级交办的任务，摆拍几张照片，配上优美的文案，最终只为呈现备查资料的话，那么是不可能真正开展劳动教育的。所以，在实践过程中劳动教育的落地尤为重要，它不是一个阶段，而是应该反映在幼儿园一日生活的各个细节中。小班幼儿的自我管理，中、大班幼儿能为集体做一些力所能及的事，这些都属于劳动教育的内容，重点是摒除形式主义，做到真正的一以贯之。

二是忌一味说教。幼儿园的劳动教育应该尊重幼儿的发展水平和年龄特点。在帮助幼儿建立正确的劳动观的过程中，一味说教是最不可取的。相反，教师的以身示范、积极引导、及时评价更具有教育意义。也就是说，相比起用嘴说劳动多光荣，日常的耳濡目染才更具力量，比如教给孩子们必要的劳动技能、熟练掌握劳动工具、学会赞美劳动者、珍惜劳动成果等，这些需要在实际的体验中帮助孩子慢慢习得。在"周末大放送"活动中，教师以值日生为起点，串联起每天生活中的劳动教育。孩子们会不断发现除了基本的劳动内容之外，还有很多可以做的事情，比如除了清扫整理教室，还可以照顾花草，然后与第二天的值日生进行沟通；除了帮助小班弟弟妹妹剥橘子，还可以把剥下的橘子皮摆出好看的图形再送给他们当礼物……这些由孩子们自发生成的劳动瞬间，让孩子们的心灵产生了很多链接，从而对劳动产生了美好的意象，劳动习惯和劳动态度也自然而然地养成了。

三是忌与家庭教育脱节。家庭是开展劳动教育的重要场域。在幼儿园阶段，孩子们经常会出现这样一种情形：孩子在幼儿园和在家中判若两人。产生这一现象的重要原因就是家园之间的要求不一致，对待劳动

◎ 思考与智慧

教育的观点有差异。因此，幼儿园在做好园内劳动教育的同时，应该帮助家长形成对劳动教育的新认识。在"周末大放送"活动中，孩子们会在周五将自己用"工资"买到的"商品"带回家，这成为家庭教育中一项重要的谈话内容。孩子会自豪地讲述自己"购买"这件"商品"的来龙去脉，家长也在倾听中了解到孩子的需要和能力，这为家园共育提供了途径。教师也会通过家长会、个别交流、短信留言等方式帮助家长在家庭内组织类似的游戏，让孩子将劳动扩大到生活的更大范畴，从而让劳动真正内化到孩子们的行为中，让孩子养成良好的劳动态度和劳动习惯。

总之，劳动教育的意义贵在让人用身体丈量物理和心灵的世界，劳动教育的回归是时代发展的需要。让孩子能通过亲身体验感受到劳动的价值，真正理解劳动最光荣，培养自主自立的劳动意识和主动服务他人的责任感，需要作为教师的我们正确认识劳动的意义，并落实到教育行动中。教师要通过正面积极的反馈，让孩子们发现劳动的乐趣，保护好孩子们萌生的劳动意愿，摒弃形式主义和劳动说教，与家庭形成教育共同体，做好创新与融合，一以贯之，笃行不怠。

突破绘画的瓶颈

在实际工作中，我们常常会发现，有一个时期孩子们的绘画水平会出现停滞不前的状态。此时，孩子们的绘画作品的画面内容比较单调，表现形式非常单一，作品内容基本雷同，比如有一条很直的地平线，再加上小房子、小树、稍大一些的鸟等。幼儿绘画显现出一种瓶颈式的状态。那到底是什么限制了孩子们应有的自由表达？我想孩子们需要一些"脚手架"来实现这种突破。为此，我做了一些尝试。

一、创设丰富的可供欣赏、模仿的儿童作品展示环境

提供多种形式的儿童绘画作品，让孩子们在欣赏的过程中逐步丰富自己的经验。比如，在走廊里高低错落地张贴一些画面结构更丰富、色彩更大胆的儿童作品，孩子们特别喜欢，便会三五成群地围在一起观看。有一次，我看到五岁的彦彦一直盯着一幅大狮子画看，看得很专注，我便问他："彦彦，你在想什么？"他的回答让我很意外，说："这幅画很好看，我在动物园看到的狮子肯定是妈妈，这只狮子是孩子。"我问："为什么？"彦彦郑重其事地说："你瞧，这只狮子的毛是彩色的，肯定是妈妈给他买的围巾，狮子妈妈不会戴这种彩色的围巾。这只小狮

子多可爱，我也要画一只……"在孩子的眼里，任何事物都被他们注入了感情，都是有血有肉的，我想这就是儿童的可贵之处吧！

经过一段时间的欣赏，我新奇地发现孩子们在自由绘画时，构图开始复杂起来，形象也变得丰富起来，原来我担心孩子们会因大量模仿而限制想象力和创造力，现在看来并不会。我认为原因就是，这些大量的多种形式的并且是同一年龄阶段幼儿的作品给予孩子们的是一种奇特的绘画语言，而每个孩子会用他们各自的方式通过绘画重新诠释，从而拓宽了孩子们的绘画思路，让他们可以自信地去创造出能表达自己的绘画作品。

二、创设可以随意调色、玩色的绘画环境

这一天画完水粉画后，孩子们和我一起整理东西，小硕端着调色盘和水粉笔兴奋地跑向洗漱间，我担心小硕会弄湿衣服，便给他安排其他事情，可是小硕歪歪头极不情愿地站在了原地。我问："你是不是很想去刷调色盘？"他回答："嗯！"我说："那你去吧！"只见小硕开心地一溜烟跑进洗漱间。正因为这件事，我发现很多孩子都热衷于洗调色盘，而且总会从洗漱间里传出快乐的歌声。也许用水冲洗调色盘时，丰富多彩的颜色变化最接近孩子们心中的童话世界，也最能让他们感受到色彩的魅力吧！于是，在之后的很长一段时间里，我为孩子们准备了各种各样的颜料和刷子，允许他们系上围裙、戴上套袖不停地挥舞着刷子，大将一般地"乱涂乱抹"，这时我才意识到，这就是儿童美术。

三、提供各种绘画材料，为幼儿大胆创作、表现自我创造条件

各种类型的纸是绘画的重要材料，如即时贴色彩鲜明，黑色卡纸能最大程度地烘托出生动的色彩，不同颜色的皱纹纸可做成纸屑进行粘贴，这些都充满了童趣。当然废旧材料，如挂历、报纸等于孩子们而言

也是价值连城的宝贝。还有各种各样的笔也是孩子们特有的武器，如水彩笔、油画棒、记号笔等。孩子们在有了丰富而真实的色彩经验和感性认识以后，大胆而富有个性地创作便成了水到渠成的事情。

新年快到了，我为孩子们准备了各种颜色的皱纹纸和一种可以在阳光下反射出许多美丽光线的镭射纸，希望孩子们每人剪一种颜色的纸，剪好后一起做粘贴活动。小剪刀在孩子们的手中变得乖巧可爱，用来装方便面的大纸碗也在接受孩子们精心的"礼物"——皱纹纸纸屑不断从孩子们的小手中落到碗里……宝乐突然抬起头，指着自己剪的粉红色皱纹纸纸屑说："老师，你看多像粉红色的雪呀！"我顿时觉得孩子的话像诗歌一样动听。在之后的自由粘贴活动中，我又惊喜地发现，他们单独找到了一个空纸碗，并且小心翼翼地从其他碗里捏了一些纸屑，又很认真地说："拌一拌，呀，真好看，彩色的雪，我可以用它们做……"等到作品完成后，我注意到每幅作品都很有生机，镭射纸被孩子们剪成自己认为的最好看的形状，并与彩色纸屑混合，画面色彩饱满，富有想象力，而且画面的造型很抽象，很有感染力。

四、鼓励孩子自由表达，关注绘画对孩子发展的促进作用

浩浩妈妈说浩浩在周末美术班只学了三次，就再也不想去了。后来我了解到，浩浩总喜欢按自己的想象去画画，而美术班的老师正在带孩子进行涂色和线条的练习。其实对一个5岁的孩子而言，绘画技能并不是最重要的，随着肌肉的发展以及坚持不懈的练习，孩子们会渐渐掌握。这让我想起一个绘画教学片段："路路，你觉得自己表现得怎么样？""我觉得我很聪明！"我笑着回应他："是呀，我一直这样认为。""乐乐，你呢？""我挺有想象力的啊！"我摸摸他的头，并为他的自信感动。"小硕，你呢？""我喜欢调颜色，水一冲特别好看！"此时的浩浩早就等不及我问他了，自己说道："老师，我态度很好！"我有点不太明白，便问他："什么态度？"只见浩浩点了点头，说："哎呀，就是我画

画的时候很认真呀！我最喜欢画画了。"听了孩子们的话我特别开心，如果绘画能给孩子们带来这么多真实的感受，那么绘画的本质意义也就实现了。

因此，我也逐渐意识到，对儿童而言，完成绘画作品不是最终的结果，在绘画过程中逐步认识自己、勇于表达自己，拥有自信和丰富的创造力，真实地感受到快乐，发现并能表达出生活中的美，才是最重要的。接下来，我们需要给孩子更多感受自然之美的直接经验，也要在领略文学之美上做一点新的尝试。

自然角不是"鸡肋"

在幼儿园中，自然角具有特殊的意义，它不仅承载着孩子与自然的互动，更是孩子实现个性化发展的重要媒介。但在实际工作中，自然角成为很多老师心目中的"鸡肋"。如何让自然角实现它本身的价值，我想作为教师，首先要明确自然角应是孩子的自然角，同时进行以下三个维度的思考，并落实到日常教育行为中。

一、思空间维度，自然角的形式应呈现自然状态，不拘泥于像不像角

很多教师在创建班级自然角时，被"角"一字困住，仿佛没有一定的空间呈现，就感受不到它的空间感，它就不存在。实际上，自然角的设置需要考虑班级实际情况，空间可大可小，可长可方，可内可外。我们常看到一粒种子能在墙缝里长成一棵劲草。如果我们怀着一种对自然的敬畏去设置自然角，哪怕只是在透明水杯里放一颗黄豆，也可以看见生命的成长。从这个意义上说，让我们感动的不是自然角的形式本身，而是对自然角的悦纳和认可。

我们常常遇到这样的事情，当我们费尽心力完成了一个看起来生机盎然且很具有艺术感的自然角的时候，很多孩子会在"哇"的同时，生

思考与智慧

出距离感，"我可不可以摸一摸""我能动一动吗"……这些我们刻意完成的"作品"，会直接导致孩子的刻意行为，用不了几天，自然角就成了"鸡肋"。但是我也曾在实际工作中遇到，孩子们从户外捡来黄山栾树的种子，然后用酸奶杯当花盆进行种植，慢慢地几个小花盆变成了一排，再后来遍及角落。尽管孩子们种一棵黄山栾树的计划失败了，但是他们种出了蒜苗、萝卜……这时的植物角已经不是单纯的一个区域，而是星星点点，虽然看起来不够美观，没有成人眼里的空间艺术性，但是它却因最自然的状态而有了生命力。

二、思内容维度，自然角的材料应是开放的，让自然角成为活的角

自然角里到底应该有些什么呢？花花草草，小蝌蚪、小鱼等易于班级饲养的小动物，各种应季果实，捡来的小石头，落下的树叶树枝，小朋友掉落的第一颗牙齿，具有纪念意义的旅行中的礼物，一罐开始发绿的腊八蒜……从这个角度来说，自然角是孩子们与世界的联结，它承载着属于孩子们的故事。允许孩子们不断更换补充自然角的材料，允许自然角看起来"无序"凌乱，让自然角真正成为孩子们自己的自然角，这是非常重要的认识。材料的开放意味着这个角落会随着生活"活"起来，这样的"活"可以更好地激发孩子们之间的学习交流。所以，万物皆可以组成自然角，材料的开放性便是自然角的源头活水。

班级里曾经有这样一个故事：琳琳小朋友带来了一束百合，但是包装纸她不想扔掉，而是认认真真地把它折起来，放了自然角里。保育老师认为这不属于自然角的材料，便扔掉了。等琳琳发现的时候很伤心，她告诉我们，她之所以把包装纸放在自然角，是因为她觉得那是百合的衣服，而且是她和妈妈认真挑选的。这件事情让我们认识到，成人对生命的理解，相比于孩子而言是狭义的，在孩子的眼中，即便一张普通的包装纸也被赋予了情感，变得更有意义，甚至有了生命。有了这样的认识，班级自然角的材料实现了真正的开放，可以说包罗万象，虽然

有点杂七杂八，但确确实实变得乐趣横生，活力四射。

三、思评价维度，自然角是多元的，应多关注孩子与自然角的联结

自然角不只是用来记录观察小动物、小植物的生长，还可以发展孩子的观察、探索、记录、整理等能力，而且它本身具有多重意义，所以教师对自然角中的所有行为或者物体的评价都需要重视它们在孩子生命成长中的意义。尤其对于一些不善用语言表达的孩子而言，自然角是他们的秘密角落。在这里，我们不仅能发现自我认识中关于生命成长的记录，更能讲述一段故事，让孩子们学会分享。

中班时，班级里有两个孩子总是沉默不语，游离在集体之外。但自然角是他们都喜欢的地方，他们因此成为一对安静的好朋友。有一天，欣欣小朋友带来了几个小蝌蚪，他们忽然活跃起来，两个人之间的交流变多了，常常会相视一笑。直到有一天，小蝌蚪不见了，他们竟主动跟老师和小朋友讲述这件事情，也因此，他们在集体中的存在感逐渐加强。我能明显感受到他们忽然就像拔节一样长大了许多。可以说，与自然角的联结，让两个孩子在集体关系中找到了自己的位置，这客观上促进了他们的成长。而他们对自然角的感情也更加深厚，仿佛那是他们的心灵花园。

当然，教师对孩子们的自然角是否充满兴趣也极大地影响着孩子们的热情。这种积极的有效的回应，源自教师的儿童观，也源自教师本身对生活的解读。当教师真正能如孩子一样对自然之物抱有敬意的时候，自然角才能真正发挥其教育价值。

总之，自然角要以自然的状态呈现，不被形式困住，不被材料性质所限。同时教师要注重评价的多元化，不只停留在孩子知识技能的提高和发展上，要能关注自然角赋予孩子的生命能量，真正做到道法自然，那么自然角就不会成为"鸡肋"。

◎ 思考与智慧

瑞吉欧教育的启示

据1991年美国《新闻周刊》报道，世界十大最佳学校中，学龄前学校首推瑞吉欧·艾米里亚的学前教育机构，并被称为"全世界最好的学前班"。后来，意大利瑞吉欧教育风靡全球，同时这股风也吹进了我国幼教界。2002年9月，市海河幼儿园中四班接受了国家级课题"瑞吉欧幼儿教育中国化"研究项目，经过一年半的实践取得了可喜的成绩，并被总课题组评为优秀集体。

一、瑞吉欧教育的理念

一是走进儿童心灵的儿童观。瑞吉欧强调尊重幼儿的兴趣和愿望，从幼儿的需要出发。瑞吉欧教育没有固定的教科书，而是根据幼儿的兴趣生成研究的主题，通过搜集资料、开展各种相关的活动以及展示研究成果等完成一项主题研究。在研究探索过程中，幼儿始终是活动的主体，因此学习的主动性非常强。而且，对一项主题的研究可以长达一个多月，这样可培养幼儿行为的持续性，使幼儿具有很强的获得感，从而更加自信。

二是强调互动关系和合作参与。互动合作是瑞吉欧教育取向的一个重要理念，也是贯彻在整个教育活动过程中的一项原则。互动合作包括教师和学习者的沟通、关怀和引导的不断循环，以及教育活动相互支持等。在整个活动过程中，师生、家园、社区与幼儿园等多方参与，共同为幼儿创设良好的教育环境。在活动中幼儿被尊重，可以与其他合作者平等地进行研究、发表自己的看法以及独立思考，从而得到同伴以及其他合作者（包括父母、教师）对自己的认同和评价。

二、瑞吉欧教育的特点

一是教师的角色要转变。在传统的教育活动中教师始终是主体，起主导作用，而幼儿处于被动状态，对教育活动没有足够的兴趣，同时在教育活动中还被灌注了各种零散的知识。很明显，这种传统的教育模式不能很好地适应幼儿的心理特征，促进幼儿健康快乐地成长。因此，教师要在教育活动中转变自己的角色，变成幼儿的支持者、引导者、合作者，为幼儿提供充足的资源，包括材料、知识、研究方法等，这就需要教师深刻领悟瑞吉欧的教育理念，灵活结合我国的教育实际逐步转变。

二是家长的角色要转变。教育的三大支柱是学校、家庭、社会。家长作为幼儿的第一任教师，对幼儿的态度、教育方法是至关重要的。专制型家庭中的幼儿，自信心明显较同龄人差、内向、不善交往，所以家长为了自己孩子的健康成长应该转变角色，学会尊重孩子，不要把孩子当成不懂事的娃娃。专制型家庭中的父母，在教育孩子的过程中会不自觉地变得高高在上，和孩子不能进行平等的交流。当然，这里提倡的平等不是说对孩子放任自流，而是一种民主的、朋友式的、关注式的平等。也就是说，当孩子被当作朋友时，他们会更容易与父母交流问题，父母也会更容易发现孩子身上的闪光点。

思考与智慧

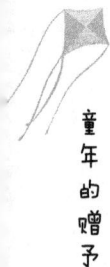

三、瑞吉欧教育的实践

海河幼儿园中四班的全体教师经过一年半的研究，感受最深的就是，瑞吉欧教育使参与教育的所有人都感到幸福。教师之间是平等合作的，他们共同为幼儿准备各种材料，和幼儿一起商讨活动内容。

在"大树妈妈生病了"主题活动中，教师先搜集预防柳树病虫害的资料，并把相关图片彩色打印；为了解"如何救治大树妈妈"，教师先后到林业局、市政局园林处咨询；为了让幼儿有更直观的体验以及培养幼儿热爱自然、关注自然的品质，教师专门请园林处的工作人员示范如何配制涂白剂，并为中四班每位幼儿购买了刷子、小桶、围裙、套袖，让他们自己动手操作，同时拍下视频制作成录像带等。幼儿园、教师、家长以及社会共同为孩子们提供了非常好的活动环境，孩子们学到的、懂得的、解决的不只是大树为什么会生病、云斑天牛是什么样子的等问题，更重要的是他们知道了怎样去研究一个问题，怎样合作完成一项研究。当然，在活动中孩子们是高兴的，而教师看到孩子们健康快乐成长也感到很幸福，并感动于家长的支持、社会的关注、幼儿教育的希望！

浅析瑞吉欧教育中教师的角色

随着对瑞吉欧教育所采用的项目活动的学习，生成课程成为人们关心的焦点，而现在我们所面临的问题就在于实施生成课程的过程中，一些具有教育功能和教育价值的活动或活动中儿童的表现、反应等教师捕捉不到，或许是因为教师自身知识储备不够、思维不够严谨等，而不能很好地挖掘活动的潜在教育价值，其实这与教师对自己的角色定位不够明确、清晰，以致缺乏驾驭这种教育方法的素质和能力是相关的。显然，瑞吉欧教育需要家长、社区的合作。那么，教师应该以怎样的角色面对儿童，面对家长，面对同行呢？

一、教师对于儿童的角色

通常一位专业的瑞吉欧幼儿教师在学校里所发挥的功能有：促进儿童在认知、情绪、创造力和身体各方面均衡发展；进行班级管理；学习环境的设计与布置；为儿童提供适当的保育与辅导，行政事务上的沟通与协调；追求自我在专业上的成长。

瑞吉欧教育除了强调教师在课程发展过程中的作用外，还明确了教师要扮演幼儿的伙伴、园丁、向导、记录者、研究者等多重角色。

◎ 思考与智慧

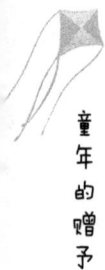

（1）伙伴。瑞吉欧教育强调师生之间是伙伴关系。瑞吉欧有这样一句名言：接过儿童抛来的球。儿童感到教师不是裁判和评价者，而是一项资源，在遇到困难时可以从教师那里获得帮助，并且教师要以一种使儿童能把游戏继续玩下去的方式，把"抛来的球"再"丢给"儿童，而后发展其他的游戏。师生之间的交流内容主要以主题活动为主。当师生的心智在彼此都感兴趣的问题上聚焦，共同参与到所探索的事物、所使用的材料和方法以及活动本身的时候，每个人都能感受到来自对方的支持。当然，教师在传统教育意义上的作用并没有被彻底否定，而是得以重新建构，他们从外在于学生的情境转化为师生共生、融入、共存情境。

（2）园丁、向导。教师是幼儿的园丁。教师应该知道如何布置环境，何时介入幼儿的研究，如何为幼儿提供材料，如何处理幼儿之间的争议，帮助幼儿聚焦问题的关键或形成假设等。同时，教师是幼儿的向导。学习不是一条直线而是螺旋上升的，要让幼儿能感受到成人的期待并非语言强调而是教师的关注，比如欣赏的态度、由衷的喜悦等。教师通过严肃认真的关注，使幼儿知道他们对幼儿的活动充满兴趣，以此可以帮助幼儿发现、明确自己的问题，鼓励幼儿之间相互交流、共同活动、共同建构知识。

（3）记录者、研究者。教师需要记录幼儿在主题活动开展过程中的表现、反应和倾向，通过这些大量的第一手资料明确幼儿的思维方式、兴趣倾向，了解幼儿的情绪、情感、个性以及习惯。教师可以更为客观地观察幼儿，记录幼儿的一言一行，并从大量的记录中积累丰富的经验，为研究幼儿提供基础条件。系统化的记录和研究，使教师成为研究的"生产者"，而不是传统教育中的"消费者"，从而促进自身的专业成长，成为研究型教师。

二、教师对于家长的角色

在传统的幼儿教育理念里，幼儿园的组织者和管理者是园长和教师，很少和社会上的其他力量结合起来。而在瑞吉欧看来，幼儿教育是整个社会的事情，不仅包括市长在内的政府力量应介入幼儿教育的管理中，还有由家长、学校的教职员工和教学协同研究人员共同组成的社区咨询委员会，也应直接参与到幼儿教育的管理中，体现了"全社会参与幼儿教育"的风尚。瑞吉欧教育作为一种新的教育模式，强调在教师、家长、社区的共同努力下，为幼儿创建一个能充分发挥其巨大的潜能、能感受其自身存在的价值、能积极主动参与创造性活动的学习环境。因此，瑞吉欧教育的理念对教师的要求更高，要求教师充当家长的翻译或桥梁，通过组织不同的活动如开放日、家长会或者"会说话的墙面"等，向家长宣传新的幼儿教育理念，使家长明确自己的角色定位，更主动地为幼儿提供丰富的教育材料和信息，并通过家庭和教师合作，为幼儿的发展创造丰富的自然和人文环境。

三、教师对于同行的角色

瑞吉欧教育认为，每个班级应由两位教师和一位驻校艺术教师组成，协同教学，教师之间必须具有协调、相互批评、彼此容忍和接受的态度。两位教师共同教学，课程的发展是共同讨论的结果。教师讨论的目的并不是强化不同观点的冲突，而是凸显解决问题的方式与确定下一个活动实施步骤，因此在讨论中需要双方有一定程度的容忍。教师之间除了相互忠告以外，还要有情感上的相互支持，所以对于彼此之间批评与自我批评的接纳程度是瑞吉欧教师的必修课之一。作为刚接触瑞吉欧教育的新教师来说，这种合作和容忍显得尤为重要，因为没有驻校艺术教师的有力补充，再加上课程活动过程中的任务过重、过多，或者不擅

◎ 思考与智慧

长视觉艺术的技能技巧，在帮助幼儿掌握绘画、捏制黏土、折纸等能力时，会使活动记录不够完整，不够生动。所有这些都要求教师之间应既是合作者又是促进者，要不断努力，丰富自身专业知识，以满足瑞吉欧教育思想和价值取向对青年教师的要求。我们所学的不是瑞吉欧教育的模式，而是瑞吉欧教育的方法、瑞吉欧教师对幼儿的态度、瑞吉欧教师对幼儿研究过程的支持和对幼儿的尊重，以及瑞吉欧教师之间的团结协作。

总之，只有明确了教师的角色，才能更好地和幼儿进行协作，共同设计活动课程，调动幼儿学习的积极性，让幼儿学得更轻松、更愉快、更有效，从而发挥和发展幼儿的主动性，培养创新人才；才能更好地调动家长的主动性，使家长意识到自己角色的转变，更好地与幼儿园合作，与幼儿教师合作，与社区合作；才能激发教师的创造热情，促进其专业成长，提高专业素质，更好地运用瑞吉欧教育的理念、课程、方法，学习瑞吉欧的态度和精神，为瑞吉欧教育中国化作出贡献。

一次突发家庭教育指导事件引发的思考

家庭教育指导是幼儿园的一项重要工作，很多幼儿园都有比较完备的家庭教育指导体系，但是在应对突发家庭教育问题时，部分教师往往存在一些专业能力不足、指导不到位的情况。如何应对突发的家庭教育问题，教师需要具备哪些能力，我希望借助一次真实发生的事件，与大家共同进行讨论。

一、案例描述

有一天下午离园时间，两位参与志愿服务的老师忽然听到身后传来孩子哭闹的声音。循声望去，发现小班的一个男孩正在一边哭一边抢起手臂打妈妈，而妈妈的情绪看着也很激动。两位老师急忙走过去想看看什么情况，只见王老师蹲在孩子的身边，仔细询问事情的原委。

妈妈说："你看，人家其他的小朋友，都自己拉好衣服拉链，就你不会拉……"

孩子听后情绪更加激烈，哭声变得更大，同时小拳头像雨点一样打向妈妈。因为是离园时间，这对母子引来了很多人的关注。妈妈见有老师过来便控制了自己的情绪，但是孩子却变得更加"肆无忌惮"。

看到这一幕，王老师迅速做出回应，带着非常坚定的语气对男孩

说："孩子，妈妈很爱你，她不会因为你还没学会拉拉链就不爱你了。"
这句话非常神奇，小男孩哭闹的力道明显变小了很多，只见他用眼睛偷偷瞄向妈妈，仿佛在等妈妈的回答。而妈妈很明显还处于比较气愤的状态，并没有及时给予回应。

王老师继续说："我们来看一看，小朋友是不是遇到了什么困难啊？到底发生了什么事呢？"

妈妈此时说："他就是太皮了，怎么也学不会拉拉链，衣服天天敞开着……"妈妈的语气里带着一些愤怒。此时，孩子又有些激动。

王老师迅速对男孩说："哦，原来是这样啊！妈妈别着急，我们只是还没学会到底该怎么拉拉链，没事没事，老师带你一起来试试。"

男孩虽停止了哭泣，但是一手握着一边的拉链，就是不动。再看看他的表情，咬着嘴唇，皱着眉头，看样子有些抵抗。王老师判断，孩子的小肌肉发展还不是很灵活，不能掌握正确的拉拉链的方法，而妈妈只是在一边等着，不能给孩子以支持，所以母子才产生了矛盾。

于是，王老师用了一个比喻的方式告诉孩子："你瞧，我们可以这样拉拉链，这边有拉链头的是拉链妈妈，另一边是小拉链宝宝，我们得让宝宝钻到妈妈的怀里啊！"

小男孩忽然笑出声来，看样子他很喜欢这个比喻，他尝试去做，但是总也不能很好地插在一起。

王老师继续说："哎呀，拉链宝宝这次要睁大眼睛去找妈妈了，别着急哈，咱们是钻到拉链妈妈的怀里，可不是趴到拉链妈妈的背上啊！"

听到这，小男孩咯咯笑个不停，同时很明显妈妈的态度也柔软了下来。妈妈的眼睛开始注视男孩的动作，而小男孩也一边笑着一边进行新的尝试。

不一会儿，小男孩成功了。他长舒了一口气，王老师赶紧说："瞧，我们只要对准拉链，很快就成功了，你真了不起！"

妈妈此时表现得有些难为情，王老师继续说："好孩子，妈妈最爱你啦，不管你会不会拉拉链，她都爱你。你妈妈只是不知道该怎么表达，是不是呀！"王老师顺势拍了拍这位年轻的妈妈。

听到这话，男孩的妈妈顺势接受了男孩的拥抱，然后对王老师表达了感谢。之后，男孩和妈妈高高兴兴地回家了。

二、分析与反思

从这次突发事件不难看出，可能因为事情发生在公共场合，妈妈和孩子的情绪都比较激动。因此，第一步要快速安抚他们的情绪，这也是最为关键的环节。事件发生时，王老师快速了解了事件的原委，并作出了判断，然后从孩子方面入手，尽快让双方都放松下来。不难看出，男孩之所以行为越来越过激，是因为妈妈的表达让孩子感受到不会拉拉链妈妈就不再爱自己了，不安全感被激发出来，而他又不知道该如何表达，只能用愤怒和哭闹表达自己的不满。所以，帮助孩子确定来自妈妈的爱不会变，是解决情绪问题的关键。

第二步提供解决问题的支架。事件中，当孩子不会拉拉链时，妈妈一直处于袖手旁观的状态，只是表达了自己的不满，没有给孩子以实际支持。因此，王老师便以拟人化的比喻，帮助孩子了解拉链的结构，并不断鼓励孩子去尝试。教师借助拉链宝宝和拉链妈妈的形象比喻，帮助孩子产生了具象认知。当妈妈发现孩子开始尝试学习拉拉链的时候，她本身也获得了支持。其实，在日常生活中有很多妈妈不知道如何教给孩子做事，更多的是消极等待。在这次事件中，教师的方法也给予了妈妈一种启发。我相信，有了这次经历，在接下来的学习和生活中，男孩的妈妈会反思自己的教育方法，从而不断提高育儿水平。

第三步确定来自妈妈的爱是无条件的。事件最后，王老师特意跟男孩强调，妈妈对男孩的爱不会因为是否会拉拉链而改变。这样做，一方面给男孩一份更加确定的感受，另一方面也是暗示妈妈自我觉知什么是无条件的爱。很多时候，大人往往被情绪裹挟，爱也变得充满了条件，比如对孩子说"你不会干什么就不给你什么"等，而孩子因为心智发育

◎ 思考与智慧

不成熟而无法感受到无条件的爱的支持。因此，帮助家长体会自己能否给予孩子的无条件的爱，是一项非常重要的内容。相信在此次事件中，男孩的妈妈也可以获得一次反思和成长。

三、启示与感悟

园门口的一次突发事件，因为王老师的适当介入，非常顺利地得以解决。假如在此次事件的介入过程中，教师无法抓住关键点，或许事情的处理就会出现另一种极端情况。显然，在公共环境下，教师的专业指导对家长和孩子来说尤为重要。因此，提高教师对家庭教育突发事件的指导能力非常重要，具体包括以下几个方面：

一是储备更多的心理学知识，提高个人共情能力。教师需要具备一定的心理学知识，能快速找到事件关键点，运用自己的共情能力，缓和突发事件的紧张度，以便为接下来的顺利沟通做好准备。

二是储备更多的家庭教育指导经验，提高辨识能力。很多家庭教育问题都有共性，其中人物关系是最为重要的部分，双方或者多方会在关系中寻找爱与被爱、认可与被认可，这就需要教师在更多的家庭教育指导案例中积累足够多的认识，以他山之石巧解问题。

三是正确看待突发家庭教育指导事件，提高积极认知能力。突发事件有其自身的积极性，比如矛盾更突出，问题更明显，同时家长也是最需要帮助的时候，对教师的要求也越高，所以教师不要逃避突发事件，要给予适宜指导，掌握好分寸感，这对家园沟通、形成家园信任是非常重要的。

总之，幼儿园教师既要做好日常预设的家庭教育指导工作，也需要不断提高自己应对突发家庭教育指导事件的能力，相信任何事件都会对孩子的成长产生深远影响，也相信任何一件事情都有其积极的一面。我们要以自己更为全面的家庭教育指导能力，有效地促进家园共育，从而形成更为清晰的家园合力，助力幼儿健康快乐成长。

关于高质量师幼互动的几点思考

随着《幼儿园保育教育质量评估指南》的颁布，师幼互动成为学前教育关注的焦点。关于什么样的师幼互动是高质量的，如何在教育场景中实现高质量的师幼互动，目前有很多研究成果。比如《互动还是干扰？——有效提升师幼互动的质量》一书中提到，"没有什么比停下来倾听和积极回应儿童更重要"。但是怎样让老师"停下来"？这背后除了教师必须具备的专业能力之外，还可以从以下几个方面做一些思考和行动。

一、教师的评价需要更加开放

前段时间，有个小女孩在录制舞蹈的间隙问我："老师，你小时候羡慕长大吗？"听到这个问题，再看看她的状态，我知道不间断的拍摄和一直以来的集中练习，一定让她的心里很不舒服。所以，看到我这个路过的教师，就赶紧来"发泄"一下。但是，这时应该怎么回答她呢？我脑海中的直觉反应就是，无论遇到怎样的状况，保持乐观和充满希望是必需的。于是，我笑着说："我小时候很羡慕长大。"

"你为什么想长大？"小女孩撇了一下嘴继续问。

我感叹于她果真问了我这个问题，于是继续说："因为长大可以自己开车，可以给自己的爸爸妈妈做好吃的，可以帮助更多的人。你呢？"

"可是，我不羡慕！"她的回答很坚决。于是，现在轮到我问她："为什么？"

小女孩歪着头说："因为长大了就不能玩了。"这个回答很真实，可是我该怎么继续回应她呢？也许遇到这个问题的时候，教师会因自身价值观和个性的不同给出各种各样的回答，那么此时的回答将会对孩子产生特别重要的影响。我记得当时很多孩子都围了过来，他们都在等待这个问题的答案。

于是，我很认真地说："怎么会呢？就像我刚才可以把'叉腰'故意说成'插秧'！"围观的孩子一听，都笑了起来。

"那好吧。"小女孩眨眨眼睛，"长大了会不爱笑。"她继续愁眉不展地说。

"说说看，为什么呢？"

"我原来在小五班做早操跳小青蛙的时候，会笑，现在我在大八班，可是再跳小青蛙我觉得没有意思，不想笑啦。"

此时，小女孩双脚一起跳得很密集，还加上了手上的动作。

"哦，那么你可以试试换一种跳的方式。像这样！"我开始很轻微地单脚跳、双脚交替跳……孩子们看到我这样跳青蛙，又笑了起来。后来，小女孩开心地走开了，继续进行她们最后的拍摄。从此之后，这个小女孩每次见到我，眼睛里都会有光。

这次生活场景中的师幼互动对我的影响很深。假如，我只是简单地说"你是不是嫌累了""别太娇气了"，又或者不做回应，或许孩子会因此失去一次成长的机会。因为说教或者不积极地回应，都会在孩子遇到关键事件时呈现负面的意义。所以，开放的评价会帮助教师在遇到一些困难时，轻松地接住孩子抛来的球，并为孩子提供更多看问题的视角，提供丰富的情绪价值。

二、良好的师幼互动需要教师有一定的心理学基础

当教师的情绪平和甚至更加愉悦的时候，教师的能量会更多，更能促进师幼之间的互动。有时候同样一件看起来"乱七八糟"的作品，在良好的心理状态下，教师会更愿意倾听，也更能在积极方面进行引导和评价。因此，教师需要有一定的心理学基础，及时调整自己的心理状况，控制好情绪，以更加开放的眼光观察孩子的游戏、生活和成长。

记得有一次，琳琳忽然走到我的跟前说："老师，我心情不好。"我轻轻地拍拍她的肩膀，像对待一个朋友一样，说："心情不好很正常，我有时也不开心。"说完之后，琳琳高兴地说："老师，我心情好了。"然后蹦蹦跳跳地离开了。此时，教师就使用了共情的技术，不仅是语言上对孩子的心情表示认可和理解，最关键的是从内心共情孩子的感受。这种方式的师幼互动让人感觉很舒适，更容易建立亲密关系，让孩子的负面情绪可以自如表达，给予孩子更多安全感。

三、良好的师幼互动需要教师有成长性思维

作为教师，对自身保有旺盛的求知欲和终身学习的意识，并具有一定的成长性思维是非常重要的。教师作为孩子在幼儿阶段的重要他人，自身的言谈举止、对孩子的评价都会产生重要的指导作用。尤其是对一些还处于能力发展中的孩子，教师与他们的互动就更需要有成长性思维。

曾经有一个孩子在大班时转来我班，但是他浑身充满了能量却不知如何使用，入园第一天就把班级里的其他孩子和老师"骗"得团团转。面对这个有点"特殊"的孩子，我意识到受自己专业的局限性在一段时间内对他束手无策，无计可施。但是，从这个事件中，我觉察到对自我的要求过于固化，应该把这个事件作为我职业成长中的重要节点或者关

◎ 思考与智慧

键性事件。有了这样的认识之后，我的心情逐渐放松下来，一段时间后，我发现这个孩子的家庭教育存在问题，于是把沙盘游戏引入家庭教育指导，实现了良好的家园互动。

教育家雅思贝尔斯曾经说过，教育是一个灵魂唤醒另一个灵魂。师幼互动不只是一种沟通技术，更多指向心灵的敞开和亲密关系的建立，引领幼儿向好生长。因此，作为幼儿重要他人的教师，自身的价值观、素养、能力等就变得很重要。当然，还有一个前提，就是教师对自身工作的认可，对自身发展的接纳。只有这样，教师才可以逐步实现专业的自觉，让师幼互动更有效、更有质量，更能助力孩子的健康成长。

童年的赠予

关于礼貌习惯培养的几点思考

礼貌待人是中华民族的传统美德。举止文明优雅、待人接物亲切得体、会使用礼貌用语等，这些都属于有礼貌的行为表现。

2岁多的小鹿是个人见人爱的小男孩，见人总会甜甜地问好、说再见，和小朋友一起玩时，也会使用礼貌用语。邻居经常向小鹿的奶奶夸赞："小鹿真有礼貌！"奶奶也总会笑呵呵地回应："妈妈教得好！"这当然是奶奶的谦辞，那么孩子讲礼貌的习惯是如何养成的呢？

一、家庭氛围的熏陶是孩子养成礼貌习惯的主要途径

家庭成员注重使用礼貌用语，并内化到生活的方方面面，就会为成长中的孩子打造一个良好的场域。这一点不难理解，以说"谢谢"为例，家庭成员能够互相主动地向对方的帮助表示感谢，孩子就会认为说"谢谢"是像呼吸一样正常的事情。走出家门之后，每一位家庭成员都能够友好地与他人相处，孩子也会在潜移默化中习得这个习惯，所以家庭氛围的熏陶是孩子养成礼貌习惯的主要途径。

思考与智慧

二、绘本故事的浸润是孩子养成礼貌习惯的重要载体

亲子阅读作为家庭教育中很重要的形式，是对孩子进行教育的绝佳机会。家长可以选择合适的绘本，比如"宝宝的第一套绘本"系列之《有礼貌》《你别想让河马走开》等，这些绘本的内容能够为孩子的成长提供可参考的榜样，是孩子比较容易接受的。如果说家庭氛围中的教育是无声无形的，那么绘本的阅读是有形有针对性的。比如，孩子到别人家做客时表现得不太有礼貌，那么可以翻阅绘本《去巴鲁波家做客》《小熊盼盼做客》等，帮助孩子了解做客的礼貌行为；孩子在餐桌礼仪方面缺少正确的认识，也可以一起阅读绘本《嘘！小声点！》等，通过绘本故事让孩子学会或者调整自己的行为。因此，绘本故事的内容总是有章可循，其对幼儿的教育效果也是立竿见影的。

三、良好行为的强化是孩子养成礼貌习惯的有效方法

行为主义认为，当一种行为出现时，给予正向强化会促使这种行为形成习惯。这一点我是深有体会的。有一次，我把小鹿想吃的香蕉剥开递给他时，他含糊不清地说："谢谢妈妈。"这是小鹿第一次说"谢谢"，家里所有人都高兴地鼓励他说："小鹿真棒，会说'谢谢'了！"小鹿也很开心，虽然他还不会说更多的话，但是之后，只要有说"谢谢"的机会，他就会很合时宜地说出来，当然，他也会继续得到我们的正向强化。久而久之，对别人的帮助表示感谢，成为小鹿一个很稳定的习惯。

不过就在前一段时间，有礼貌的小鹿不再愿意问好了。"小鹿，快问阿姨好！"见到一位朋友，我友好地请小鹿问好，可是小鹿把头一偏，快速吐着小舌头，发出"噜噜噜"的声音。阿姨笑着打圆场："因为小鹿不认识我，对吧？小鹿，你好呀！"小鹿听完，反而趴在我的肩膀上，看都不看对方，只是继续发出"噜噜噜"的声音表示回应。

仔细观察不难发现，很多孩子在成长过程中都会有这样的一段时期。很多家长遇到此类情况会疑惑，这是怎么回事呢？孩子怎么忽然没有礼貌了？于是，会对孩子有各种各样的要求。比如一边说着"这孩子真不懂事"，一边尴尬地向对方表示抱歉，或者强制孩子必须向对方问好，再或者无所适从。

　　讲礼貌作为一种重要的行为习惯，在行为退缩期，我们到底该怎么办呢？我想可以从以下两个方面来帮助孩子。

　　一是了解孩子的心理发展特点，找到孩子行为背后的原因，满足孩子的内在需求。以小鹿为例，一个2岁多的孩子，正在经历人生第一个叛逆期，他总是喜欢说"不"，通过别人的不同意见来确认自我价值的存在。所以，当我邀请他向别人问好的时候，他只是吐吐小舌头。小鹿这种行为属于温和型的叛逆，有的孩子直接扭头就跑，或者用哭喊表示抗议，此时孩子只是想获得一次自主的权利。所以，孩子之所以出现这样的行为表现，是因为父母强迫孩子必须问好，大人的权威占据了主要位置。正确的做法是，切不可为了大人的面子乱了分寸，应平静地接受孩子的行为表现。

　　二是尊重孩子，正视孩子的发展状态，减少焦虑，以平常心陪伴孩子度过特殊时期。在家庭教育中，尊重永远是最重要的。有尊重就会有包容，有包容就会最大限度地减少焦虑，给予孩子更多支持和等待。正视孩子的发展状态，对孩子保持信心。当小鹿出现不愿再问好的情况时，我选择轻轻一笑，或者给他一个拥抱，不强求他必须为了礼貌而礼貌。有趣的是，有一次我带小鹿坐长途汽车，在路上，同行的乘客友好地向小鹿问好，但他依然用小舌头发出"噜噜噜"的声音来回应，后来慢慢熟悉了，他竟主动向乘客问好。这件事情也比较典型，说明孩子只是用他自己特有的方式表达对陌生人的紧张感，并不代表他中断了问好的礼貌习惯。

　　总之，孩子的成长过程中会出现各种各样的问题，不管是行为习惯、文明礼仪还是品格养成等，作为家长需要尊重儿童、了解儿童，懂

思考与智慧

得童年的意义和价值。童年种下的种子会影响人的一生。追溯童年，我们会找到很多人生困惑的根源。从心理学角度看，童年好似一口深井，为人的一生蓄满力量。我觉得这个表述再恰当不过，但是，健康快乐的童年被很多人忽视。

　　我们应该给予孩子什么？我想应该是心怀敬畏的守护。敬畏童年就像敬畏四季更迭，生命轮回。守护童年如同以欢喜的心等待一颗种子发芽，为它除草施肥，但不能拔苗助长。我们可以给予它足够的阳光、新鲜的空气和肥沃的土壤，让它生长得更加茁壮，让它感受到生命的力量和生长的幸福，我想这就是最幸运的和最值得做的事情。

今天的礼物是个"吻"

　　小班的孩子特别喜欢小红花、小圆贴、小五角星这样的奖励，为此班里有一个礼物筐专门盛着老师值午班或忙里偷闲制作的各色小礼物。于是，放礼物筐的小橱子附近成为孩子们最喜欢的地方，总是受到很高的关注度。

　　这天晚饭过后，孩子们坐在小椅子上看书，教师忙着收拾卫生。因为当天下午开展了一次使用水粉颜料的美术活动，所以整个下午都显得特别紧张。

　　等一切收拾好，我刚要坐下喘口气，齐齐轻轻地走过来，问："小王老师，你今天中午不是说送给我们礼物吗？"可不是，因为是周一，午睡时我连着讲了3个故事，还是有许多小朋友或忽闪着大眼睛，或窸窸窣窣地自言自语，还有两个相互招手，再会心地笑笑……为了让孩子们尽快入睡，我答应给他们一份不一样的礼物——幼儿园新进了一批手工材料，我想着做出几朵小花当礼物肯定特别棒。但是忙着准备下午的美术活动，我就给忘了，这可怎么办？眼见接孩子的时间到了，现做肯定是来不及，而且孩子们都欣喜地等着神秘礼物出现呢。

　　我灵机一动："今天的礼物就是一个……大大的吻！"我抱住齐齐，在他的额头上使劲亲了一下，然后特别夸张地说。

说实话，我当时特别心虚，一个"吻"作礼物，孩子们会有怎样的反应？没想到的是，齐齐很高兴，很自豪，还有点不好意思地说："谢谢。"其他的孩子则欢呼起来，嚷嚷着："我也要一个大大的吻，我也要……"教室里瞬时沸腾了。

这个再简单不过的礼物，再容易不过的礼物，受到了空前的欢迎。我在亲吻孩子们的时候，顺便帮他们整理了一下衣服，系一下鞋带，说一句赞美的话，整个教室在这个料峭的早春温暖起来……

接孩子的时间到了，听到很多家长问孩子："今天怎么这么高兴？"孩子们则特别开心地说："妈妈，今天老师送给我一个大大的吻！"

教室里还剩下达达，于是我们一起聊天。达达说："老师，明天中午谁睡觉了，你就再送一个大大的吻给他吧！记住啊！"我点点头说："这主意不错！"

孩子们都被接走了，关上教室门的那一刻，我不自觉地笑了。想想刚才那一幕，我的心里有一点小小的感触，总以为看得见的摸得着的才好当作礼物，却忘记只要是用心的都是最好的礼物。

微课程助力家庭教育

一、案例背景

2020年，突如其来的疫情让本该热闹喜庆的春节变得忧郁凛冽。疫情期间，家庭成为最重要的教育场所。在这段特殊的日子里，家长虽然有了更多的时间陪伴孩子，但是也遇到了各种各样的问题：不知道怎么和孩子玩儿？不知道孩子要玩儿些什么？很头疼孩子的注意力问题……基于此，工作室的老师们通过网络进行了商讨，最终确定以"家有'小魔兽'"为主题开发系列家庭教育指导微课程，向家长传达能够认识和连接孩子力量的理念，传递出最具张力的希望之美。

二、案例分析

重点：利用网络解答疫情期间家庭教育中的困惑。比如，在家庭教育中"怎样培养幼儿的注意力"这个问题，通过微课内容，帮助孩子和家长实现共同成长，通过"寓教于乐"的形式，选用符合幼儿年龄特点的、易于操作的小游戏，让孩子们在家也能得到最有效的教育，感受疫

◎ 思考与智慧

情带来的生活变化和教育契机。

难点：选用微课这种直观的呈现方式，通过解说，利用视频剪辑软件，录制、合成一段完整的视频，达到了最形象、最有效的指导效果。

解决问题：工作室成员共同商讨，发挥各自优势，按解决问题的紧要程度逐步制作一系列微课程。

技术层面：在录制视频的过程中，因多数老师录制效果不好，只能先请团队中较为精通的老师指导、教授，于是录制问题迎刃而解。

理论层面：准备好视频解说稿件，稿件内容既要有专业的引领高度，又要通俗易懂，让家长易于接受和理解，如此才能达到较好的指导效果。

三、应对措施

一是收集真实问题。为了让家庭教育指导更具有效性与针对性，我们选择了家长问卷与教师线上讨论的方式，通过班级的QQ群，收集真实且有价值的问题。比如，居家期间家长们的困惑是什么，需要什么样的帮助等。针对家长们提出的具体问题，通过工作室建立的讨论群一起讨论，生成"家有'小魔兽'"系列课程。比如，以"疫情期间我们可以做些什么"为话题展开讨论，通过智慧碰撞，确立了"家庭中幼儿自主游戏的指导策略""家庭中容易忽视的平衡练习""家庭中如何培养孩子的注意力""一物多玩乐趣多""疫情期间3—6岁幼儿心理养护儿歌""家庭中幼儿'乱涂乱画'行为的指导""爱就是魔法"等一系列课程。

二是制定微课方案。老师们通过线上商讨，准备资料，理清思路，提出重点，设计脚本。比如，在制作"家有'小魔兽'"系列之"家庭中幼儿'乱涂乱画'行为的指导"时，我们先在工作群中讨论"孩子在家中为什么乱涂乱画""孩子的乱涂乱画有什么价值""可以引导孩子在什么地方画，用什么画"等问题，然后梳理出家庭教育指导课程的具体框架。接下来收集与课程相关的资料，从资料中提取出"家长如何用绘画指导幼儿成长"，最终通过案例与理论相结合，制定出合理的课程流程。

三是分组制作。居家期间，老师们不能面对面地商讨，给工作带来了很多不便，但是方法总比困难多。我们通过线上讨论、线下自由组合，共同发挥各自专长，制作出了一系列家庭教育指导课程。比如在制作"家有'小魔兽'"系列之"家庭中如何培养孩子的注意力"时，工作室成员刘老师与姜老师一组，刘老师负责PPT的制作与视频的录制，姜老师负责文字稿的撰写与解说，两人分工明确，通力合作，最终把课程完整地呈现了出来。分组合作不仅提高了工作效率，还促进了同事间的沟通交流与业务上的整体提升。

四是严谨审核。每制作完成一期课程，老师们都会把成品课程分享在工作群中，大家献计献策，共同讨论课程中存在的不足。比如，视频剪辑软件的推荐，怎样把录音与PPT同步，课程脚本设计还有哪些需要丰富和改进的地方等。通过分享与交流，制作课程的老师不断总结经验，改进不足，最后将课程完美地呈现。这一制作过程虽然烦琐艰难，但只要将难题攻破，收获最大的无疑是自己。

五是公众号传播。家庭教育指导系列课程的推出，离不开工作室每一位老师的辛勤努力。我们通过幼儿园公众号将教育理念和教育成果展示出来，传递给家长，家长的积极转发与点赞便是对我们工作的认可，更是接下来工作源源不断的动力。因此，公众号是分享与推送教学内容和心得的一个好平台，家长如期点开总会有不同的收获，这些真实的话题和有趣的游戏，拉近了家长与教师的距离，为家园共育架起了一座桥梁。

四、经验与启示

在流媒体时代，一部手机就可以制作出一段精彩的微课视频。在录制"家有'小魔兽'"系列微课时，大家共同探讨，总结出许多经验：

第一，录制微课时解说稿是重点，更是难点，既要达到专业的引领高度，还要把专业的理论知识通俗化，让家长易于接受和理解。教师只有采用寓教于乐的方式，选择出符合各个年龄阶段幼儿特点的小游戏，才可以达到较好的教育目的。

第二，微课视频的画质很重要。只有做到画质清晰、画面稳定，视觉效果才会好。针对此问题，运用手机支架等辅助工具可以轻松解决。

第三，幼儿园的微课程会用到PPT。它的呈现力求形式简单、重点突出，PPT背景色调温暖质朴，内容以关键词句为主。

第四，PPT录屏时要保证音画同步。在实际操作时，可在利用软件录屏时直接把声音录进去，也可以先把声音录好，根据声音和PPT内容，再录制视频。

当然，我们在录制过程中也得到了一些启示：

第一，家庭教育的重要性。家庭是孩子活动的主要场所，家长是孩子首要的也是重要的教育者，所以家庭教育的重要性不言而喻。

第二，父母教育观是影响家庭教育质量的重要因素。科学的教育观对于孩子来说至关重要，尤其是面对3—6岁的孩子，家长的游戏精神和高质量陪伴尤为重要。所以，教师要及时向家长传达最新的教育理念，引领家长树立正确的教育观。

第三，团结协作是教师成长的重要方式。通过制作"家有'小魔兽'"系列微课程，我们发现团队协作至关重要。微课程的选题、录制、剪辑等都离不开团队的智慧和力量，通过网络交流，碰撞出智慧火花，从而让家庭教育微课程不断得到丰富和充实。

第四，"互联网+"时代背景对教师提出了新的要求，教师的个人能力需全面提高。制作微课程，除了考验教师的教学水平和解决问题的能力外，更考验教师的信息技术水平。到底哪些内容是需要的，而不是作业式的灌输，给家长们徒增紧张和制造焦虑？如何运用新的软件制作出合理优质的作品？怎样的呈现方式既能符合孩子们的身心特点，又能让家长感受到我们想要表达的内容？这些问题都需要我们反复推敲。

微课程为家庭教育打开了一扇窗，成为家园共育的一个有效途径。在以后的教学中，我们将持续开展家庭教育微课程，助力幼儿身心健康成长。

◎ 思考与智慧

◎ 挑战与共生

　　王静名师工作室自 2016 年成立以来，从一开始的摸索到后来清晰形成了"朴素 自然 灵动 生长"的教育主张，逐渐变成了成员心目中的"理想国"，成为我的一亩方塘。自 2023 年 1 月齐鲁名师领航工作室成立以来，我的思考变得更加深刻，做法也日趋成熟，研究路径更具普适性，越来越倾向于对"灵动教师"的培养。漫谈工作室的建设和成长，更多的是一种梳理，也是给自己一些动力。走在前面，总会辛苦，但这是使命所在。

对话未来的三年

这是关于齐鲁名师领航工作室的第一篇文章。就在刚才，我新建了两个文件夹，一个命名为"领航工作室思考类"，一个命名为"领航工作室纪实类"。我知道随着时间的推移，这两个文件夹会装下越来越多的文章。用我家孩子的话说："妈妈又要开始'倒毛豆'了。"我很喜欢这个比喻，特别形象。写文章时，敲击键盘发出了噼里啪啦的声音，一个个汉字像毛豆一样从我的脑海里蹦出来。这些文字被具象化，被赋予了传播的意义。

中国汉字有近十万个，不同的汉字组合成不同的文章，表达的意思也不一样。这样去思考的话，会觉得写文章是一件充满了不可思议的有趣的事情。每一个汉字显现在屏幕上的时候，我希望它们是谨慎的，是认真的，是带着一种新的创造呈现的。

我想下面应该开始我的正题了。未来三年，领航工作室会做些什么？能做些什么？

心里发问的时候，我觉得身上的担子忽然有千斤重。但是从客观的角度出发，正是因为有这样的感受和想法，接下来的思考才会更有分量。

我向老师们抛出的第一个问题就是：三年后的自己会是什么样子

的？请大家试着将三年后自己的样子描述一下，描述的内容尽量真实、有画面感，形成一篇小文章，字数不限，体裁不限，时间也不限，记得写完后分享给我。

其实，这不同于一般的调查问卷，应该算是一种倒置的思考方式。只有对自己三年后的形象有个轮廓，哪怕没有那么清晰，才有可能去计划这三年将要怎样做。这实际上也是一种自我对话。

这个问题源于我内心的一个信念，未来三年我想和大家一起用心工作、努力思考。我的工作状态要给大家带来源源不断的创意和能量，让我们的教学变得平和、有质感。我们需要完成的是一种表象之下的深度联结，它是实现深度学习的根本路径。从模仿到内化再到生发，如果没有来自心灵的联结和抱持，我们会很容易陷入高仿。对话三年后的自己，提前思考，提前计划，其实这才是创新最真实的样子，可以使教育更有灵动感。

那么，三年后我会是什么样子的呢？此刻，我坦诚地面对自己，把所想所思分享给老师们。

静下心来，望着窗外那一片广袤的枯芦苇丛，有一个坚定的声音告诉我：你选择了你应该走的路；你一如既往地谦卑和用心；你帮助了很多的孩子，很多的老师，很多的家长；你穿着长长的棉麻的衣服，坐在台阶上，细嗅蔷薇花香；你看起来平和又温柔，你的目光里充满了坚定和温暖；你一路走来，脚步踏踏实实；你愿意真诚地面对自己的生命，面对自己的选择；你朴素的教育观得到很多老师的认可，愿意同样朴素而美好地和孩子们过好每一天；你与孩子们一起游戏、一起探讨，你与老师们一起思考未来，站在更高的角度来看待今天的我们；你知道你要做的是望向未来又合于当下，是孩子们真实需要的，关于人的教育；你倔强，不畏权势，不畏流言，做正确的事；你不在乎名利，一切只是源于使命和责任，你所有的一切都是为了孩子们……

与三年后的自己对话，就是任由自己的脑海浮现三年后自己想成为的样子，然后努力去实现。我很期待三年后再与自己对话的场景，不知那时我又会写下什么文字。穿越时空，那时的我望着自己，应该是点头微笑的吧，或是给彼此一个大大的拥抱。岁月长河里，每一个瞬间的自己是自己又不是自己，这是多么有趣。我希望我能担起这份信任，和工作室的老师们共同开启一场美好的旅程，若干年后，我们内心里不是因为你外在的标签而显得热情，只是因为你这个人值得，我们拥有一段共同的经历。

挑战与共生

打造一个理想工作室

这几天我一直在思考这个问题：接下来的三年，工作室的工作如何定位？为了回答这个问题，我前几天在群里发了另一个问题：三年后的自己会是什么样子的？目前还没有老师分享给我。这很正常，我想这是一次自我放空，也是一种自我适应。

一、工作室成员情况

盘点一下工作室成员的情况，都是各年龄阶段的优秀教师，可从三个层面看，老中青，园长＋中层管理＋一线教师，城市＋乡镇，结构非常丰富且完整。但它也有一种特定的局限，即工作需求层面同质化的区域较少。怎样实现这种教育平衡？我把所有老师的资源生发出来，与大家共享，让每一位老师都不虚度这三年。

第一轮：这个阶段是最重要的阶段，打个比喻，就是准备土壤，把不同种子种在不同的花盆里。

一是了解每个成员的关注点、现有困惑、已有成效、真实所需，工作室总的发展目标需考虑到各个成员的同步性及一致性。

二是寻找需求的最大公约数，实现同质化区域的最大化，使每个人都受益，或许可以称之为同心圆发展模式。

三是在成员磨合的基础之上，形成订单式与小组联盟式成长共同体。

四是浸入式分享。以轮值为排序，在各自现有的基础上，根据自己的特长领取分享内容，采用跟岗实习等方式实现"影子式"学习。

五是资料整理。以小组负责制及建立成员成长档案为路径，统一进行资料整理，提前制订分配计划表。（备注：及时收集资料应贯穿于每一步。）

六是人性化考核评价。以"档案袋式考核评价+成长故事评价"两个方面为支点，培养成员的理性及感性评价反思能力，以促进可持续发展。

第二轮：按照第一轮的综合情况，做好适应性调整，确保整个系统是开放性的。

第三轮：以经验推广为主，带领核心成员结合其他项目，在更大更广的平台上进行分享，最终实现高质量发展背景下教师的灵动生长。

我不想单纯地以年作为单位，更愿意用轮来表示，我想第一轮可能会花很多时间，而第三轮也有可能在第一轮或者第二轮的时候就出现。我们要学会适应这种灵活的教学模式，它有助于我们去理解不确定性和复杂性因素，从而适应孩子们的跳跃式发展。孩子越小，其不确定性越大，与之互动的复杂性也越强，教师要有这种认识，才会守住安定，从而实现由内而外的成长，做到圆融和谐。

领航工作室不同于一般的工作室，领航工作室主持人的教育主张已经被认可，接下来要做的就是向更大范围内推广。所以，在接下来的时间里，我会和成员们增强做教育一定要高瞻远瞩的意识，并将这种意识内化为自觉行为。

新听到一个说法：唐诗为什么能到达顶峰，你看"黄河之水天上来"，它是一种情绪情感的直接抒发，是"直给"。到了宋代，宋诗"味同嚼蜡"，开始说理。这很有趣，仔细思考就会发现，真正能发生教育

挑战与共生

的瞬间一定是直接的、真诚的。只有那种没有任何杂念的，不为改变别人而做的事情，才会引发教育，而教育者自己往往是不可得知的。

二、工作室资料整理

工作室每一次活动纪实，都要有纸质版的活动记录，最终呈现包括三个方面，即现场手写版本+Word版本+公众号版本。工作记录内容务必真实、清晰，活动环节简要说明，问题和反思作为记录的关键需要特别强调。该项工作具体怎样轮值实现，须在工作室第一次会议上沟通和确定。

教师个人的纪实，最终需要以档案袋形式呈现。当然，此处也需要和成员们进行沟通，如需要内容支架，可现场进行分析和确立。

完成初步规划还需要一组工作要素。朴素、自然、灵动、生长，这是我一直坚守的教育主张，也是接下来的工作要素。那么具体落实到行动上可以对应为：静下心来，慢慢生长，长成自己最真实的样子。相信自己是花朵就长成花朵；认为自己是大树，就不用顾忌，坚定地长成大树；如果是小草，那就恣意地把绿色吐露出来。每一种生命都是美好的，都是不可或缺的，都是有自己的节奏和张力的，终将成就属于自己的故事。孩子们只有具有这种多样性，才可以成为森林，才是生态样式的教育森林。教育就是要让每一个人都自信，每一个人的努力都能被看见，每一个人的成长都会被祝福。保持教育的开放性，拥有教育的理想样态，这难道不是一种教育幸福吗？

真诚的沟通

时间多有趣，昨天这个时候，我还不停地在纸上写着画着，此起彼伏的文件翻阅声明确地告诉我：规划的轮廓还是不够完美。直到夜里11：50，小年就要过完了，我还在思考领航工作室的规划和相关的问题。关于第一次筹备会议，流程怎样更高效、更合理，主要任务怎么定位，会议背景图片是否恰当，谁先来整理第一次会议纪实……

写下这些文字是需要勇气的，但这很符合我在跨年时许下的承诺：以自己为道路，为后来者开路。我特别害怕一个人会因为各种外界的评价而形成一个符号，然后被固化为一种学习的模板。每个人都有自己的个性和特点，都应该成为独特的自己。我想给予别人的不是帮助他们成为第二个某某某，尽管这样做要简单得多，比如照我说的去做就好了，每天记录、每天读书、每天反思……可是，我到底能给予别人什么样的帮助？是这些事情背后的思考。那些思考的痕迹会告诉每一位老师，谁都会遇到难题，大家的感受是一样的，接下来的选择和做法以及发生的心理活动是值得琢磨和思考的。

这样的序幕注定会有一场不断生发惊喜与灵感的研讨活动。

开场便是破冰行动。面对很多不确定的教育场景，我们需要做出高效有质量的反应，即有智慧的师幼互动，高效就是引导我们的直觉行

为。我想告诉每一位老师，来工作室参加活动带着心灵就好，你所有读过的书、走过的路、解决过的难题就是准备，不需要再带其他资料或做其他准备了。

从老师们参加活动的现场反馈来看，大家都是很放松的。参加一次研讨就是一次心灵滋养，在研讨过程中产生的智慧碰撞可以给人带来身心的愉悦，这是非常令人向往的。

有了这样的开场，正题的讨论变得非常顺利。近十年来的教育主张，此刻归纳得更加明晰，而最后的总结发言是老师们最重要的收获。这种研讨既是一种直觉练习，也是一次答辩练习，让别人听见自己的声音，太重要了。

研讨活动当天晚上10点之前务必完成反思的共享，这是成立工作室延续下来的一条老规矩。因为褪去现场的激动，沉淀下来，加入自己的思考，记忆中的内容会更加符合艾宾浩斯遗忘曲线。

当我看到工作室老师们那些真实的文字在我的眼前流淌的时候，研讨过程中的一些关键点就会再次被梳理出来，这为下一次研讨活动提供了最为真实的信息。

朴素、自然、灵动、生长，这四个一直陪伴着我的词语，也会一直陪伴着我们这个新团队。新团队很美好，也很真诚，未来三年，会装满什么呢？

珍视每一次"小事故"

　　关于工作室研讨活动，我喜欢保持一种更为开放和敞亮的空间。当看到第二次研讨活动的会议背景把"领航工作室"写成"起航工作室"时，我突然被这个小小的"事故"点醒了，这好像是冥冥之中的一个很有趣的暗示。暗示成员之间是平等的，要共同启航，驶向远方。

　　正如老师们在会后感悟中所提到的那样，每一位老师都用心思考谋划了自己未来的三年。未来三年我们要真诚面对每一个同行，不管出于怎样的原因走到一起，都需要我们在一种互相滋养的空间里努力工作、微笑生活、幸福成长。

　　九宫格式工作机制是我在充分考虑每个人的优势以及所需的基础上，取最大公约化进行设计的。工作机制中的关键要点、逻辑关系、具体的可行性和可能的价值等，是熬了一个又一个的失眠之夜才得以清晰呈现出来的。原创的东西像拔萝卜，充满挑战，但对得起"真诚"二字。规划先行，制度先行，这些充分的准备将会为接下来的工作提供源源不断的动力。

　　"文化建设"一词有些生硬，当然这只是我自己浅薄的认识。因为在我看来，当教师本身就是文化的一部分的时候，文化才能真正体现。所以，从这个意义上说，前期的这些费尽脑细胞的工作实际上是一种地

◎ 挑战与共生

基，也可以说是一眼深泉，做得再不容易都值得。

很感谢工作室成员的认可，从大家的字里行间和眉目之间，我感受到了被信任。现在这艘承载着大家共同期许的小船已经起航，接下来就是三年的奇幻旅程。在研讨过程中，我曾提出"玩"好三年。这里的"玩"是指轻松研讨，是一种对精神世界的追求，对融洽关系的期盼，因为只有放松、有趣、有价值，才会有灵动的生长。

灵光乍现的成就，没有一个是在重复机械的徒劳中获得的。教师想要有内生力，就必须学会放松，有一个能接纳你所有不完美的空间。工作室研讨不做评价并不是说无收获，因为这里的评价不是普通意义上的评价。如果我们是被接纳的，我们就会主动成为别人的镜子，会主动完成自我评价，这样的状态才是生长的状态。

每一次小"事故"，都可以换个角度看问题，寻找"事故"存在的价值。所以当我看见"起航"二字时，便会关注到它所带来的有趣的思考。这个世界的样子源于我们用什么样的眼光去看，所以接下来的三年，或许没有轰轰烈烈的物化成果，但是成员之间建立起的信任和自如，以及辐射到周围的这种能量场，就是最大的成果。

心目中的幼儿园

我看见一束光照在阳台的一株植物的叶尖上，那里恰好有一滴水珠将要落下，而在它的后面有一双明亮的眼睛，微启的小嘴巴里是白色如贝的牙齿，嘴角还藏着笑。就在水滴落下的那一刻，他转头与旁边的老师相视一笑，然后激动地飞奔出去，把他等待了好久的好消息，像小鸟一样开心地告诉他的朋友。此时，老师在自己的记录本上写下漂亮的四个字："他成功了。"

为什么一想到幼儿园的生活，这个画面就那么清晰地出现呢？它们又是如何在自己25年的教师生涯中叠加成这一幅画面的呢？我想，大约与自己内心坚守的想法和真实实践是相关的。在我的浅薄的认知里，幼儿园就是这个样子的，透明的阳光、清澈的爱护、坚定的信念和自如舒展的生活。

如果只看幼儿园外面的样子，我的耳边一定会有潺潺的流水声，一条清浅的小溪唱着歌把幼儿园的角落一一走过。夏天，孩子们可以挽起裤脚踩水，也可以用泥土搭起堤坝；冬天可以找到一块冰，然后把自己画好的小纸片放到冰下，看它变得有趣又不同。

不远处有大树，各种各样的树，树和树之间有结实的绳索网，大树的枝丫是孩子们的另一个天地。他们会灵巧地攀爬，然后看见大树皮上

的蘑菇和蝉蜕，还会看见阳光从树叶丛中穿过，细碎地落在每一寸草地上。而树枝是孩子们的魔法扫帚，可以挂上礼物或者心愿，让每一个还没实现的小梦想都有个去处。

四周有一些高高低低的土坡，土坡上种有七彩花田，孩子们可以在花丛中看蝴蝶飞舞，听小虫鸣叫，找到属于自己的那一朵小花；还可以坐在坡上，或者躺下来，看天上飘过的云朵、吹落的花信、放飞的风筝和拖着长长"白尾巴"的飞机。

草地里有刻画精细、形象逼真的小动物雕塑，任孩子们爬上爬下，一起说几句悄悄话，或者为它们洗个澡、戴顶花环、化个妆，然后再用抹布轻轻擦出它们本来的样子。

河边要有连廊，摆放一些储存雨水的陶陶罐罐，建一个大大的秘密城堡，存一些各种各样的拼搭材料，又或者砌一座小房子，里面有软软的木屑、大大的沙池、各种各样活泼可爱的可以"唱歌"的小水管……

幼儿园里是温润的木色和白色，有可以脑洞大开的艺术空间，有可以专注探究的手工材料，有可以懒懒躺下的软软的地毯和靠垫，有男孩子们喜欢的能够翻跟头的走廊，有女孩子们喜欢的有趣的镜子墙，有随时可以拿到的书籍，有随手可以记录的工具，还有老师们喜欢的诗和四季留下的印记……总之，幼儿园有属于每一个人的共同生活的色彩。

幼儿园里的每一个人都可以哭，可以笑，可以犯错，可以不优秀，可以按照自己的节奏生活和学习。静水鲤鱼，沉底青鱼，每个人都有自己沉潜的距离。如果这里有标准的话，那就是学会爱、信任、自由和创造。这里的生活是有趣的，是灵性鲜活的，是可以厚积薄发的，是可以等待的，是可以和生命联结的。

这里的老师又是怎么样的呢？是一片森林，可以呼吸，能够互相庇佑，拥有足够的安全感，把温暖和真诚融入教育里。由此，老师的爱源源不断，而幼儿园更像是一个村落、一个家、一个能够生生不息地勇敢面对未知的共同体。幼儿园里的生活简单而朴素，伴随着阳光、雨露、生长和喜悦，自如地呈现着它美而不自知的模样。

这里的家长是温和亲切的，他们真诚地信任老师们会全力以赴地关爱着孩子。当孩子们不小心弄伤了手指，他们会说："没事没事，不好意思，给老师添麻烦了。"当孩子们有了新的计划，他们会说："需要我们做些什么？"家长和老师之间的沟通是同向的，是互相尊重的。幼儿园阶段是人生最为重要的时期，也是教育最难的阶段，因为孩子们的成长充满了不确定性，而这样的不确定性需要幼儿园老师付出更多的心力。所以，家长是感激的，与老师是朋友一样的存在。

　　这是我理想中的幼儿园，是集美化、绿化、儿童化、教育化、现代化于一体的多功能生态园，也是儿童的王国。在这里，有可以一直生长的动力和土壤，教师愿意把生活打理得明亮有趣。因此，做教育就要有理想主义、浪漫主义，对未来充满无限的希望。

◎
挑
战
与
共
生

包容的意义

　　路边的二月兰正开得绚烂，已经有两个朋友早早地发来二月兰的图片，温柔地提醒我，该写《十一寄二月兰》了。是啊，二月兰的故事我已经写了十年。可能因为前段时间终于赶上"阳"和甲流的大部队，身心总感觉不够舒坦，我曾几次驻足二月兰旁边，却没有去记录它。也可能因为"十"这个数字，很像一个圆满的结束，而"十一"需要用新的状态开始新的圆满。目前的我显然还没有满心装起对一段新旅程的希望，所以只看着它们，调整自己。这是我对二月兰的尊重，也是对自己的一份包容。

　　我很清楚地知道，我需要带着一种对自己的包容来等待每一件事情的发生。比如，我为明天的第一站灵动研训活动做了最精心的准备。

　　很早以前吴园长和陈园长就开始为这个活动不停地忙碌，就好像一群人一起守护一朵即将盛开的花一样，融入了浓浓的春天的气息。

　　研训之后，陈园长说："感谢你的灵动教研，我们收获很多，在教研的基础上加点游戏和创意，老师们可以在轻松愉悦的氛围中完成深度对话……"得到陈园长的认可，我很开心。灵动研训不是捕风捉影，它追求的是一种美好的关系，是从术到道的期望。我一直坚信，信任发生了，教育才可以发生。如何建立信任，怎样看待人与人之间的关系，我认为第一步是放松心情。当我们放松下来，身体和心灵才更加柔软，我们才会像小蜗牛一样伸出触角，交换信息，发生联结。

那么什么情况下才可以放松身心，我想有一个关键的概念是"被允许"。比如，我可以出错，可以说得不好，可以沉默，可以不完美，可以做自己真实的反应。第一次，我会感觉这里是安全的；第二次，我会发现在这里很安全；第三次，我会记住这种安全的感觉……第 N 次，我知道我安全了，然后我可以成长了……这是一段需要等待的旅行。

可是怎样确定被允许了呢？作为评价者或引领者，是否能够放下标签，淡化身份，与之同行？这是很关键的一点。认知决定了行为，正是因为有了这样的思考，所以我总愿意以一种学习者的身份介入工作中。

当吴园长第一次把研训方案发给我时，我很是感动。灵动研训的核心不仅在于外在形式，更在于一种关系的重构、理念的重组，就像我们对孩子的观察与尊重是一样的。但是外在形式又非常重要，如果没有就无法建立新型教研关系的支架。那么外在形式的灵感从何而来？也许我们会这样回答：它是从每一个参与的老师的心里生长出来的。它在一个朴素自然的环境里，实现灵动的生长。每一个人都会在这样的氛围里找到自己的节律，因为我们被允许，所以我们更自信，更具有生长力。

我一直保留着一种有趣的体验，对于那些需要创造性的随机事情，我只提供一个空间，我深信它们会自己生长出来。而事实上，我也确实常常收获这样的快乐。比如对"趣悦读"计划之二的具体活动内容，我给它的空间就是两个关键词：有趣、入心。至于到底该怎么有趣，如果现在就想好了确定了，岂非对"有趣"少了一分有趣？

所以，我常常把自己临放在一种需要随时生发的状态，如此便会更全身心地实现专注，心流体验就会更加明显。如果所有的准备都毫无瑕疵，或者说完全没有留一点空隙，那么就很容易"逼"着自己去"演"好，而这对于一位天天与灵动的孩子们打交道的老师来说，其实是一种耗费。如果生活要靠"演"，那得有多累，会少多少乐趣？

所以，我喜欢留一部分活动内容给予生成的可能。当然，我也会做

◎ 挑战与共生

充分的准备，包括心理的准备，比如我会认真觉知自己的生活，就像认真去关注二月兰一样，让心境与自然发生联结；我会记录自己的思考，以给自己更多空白的大脑空间，就像现在。实际上，很多重要的活动之前，我都会写下文字，因为我需要自己与自己对话，先接纳自己。只有实现对不确定性的包容，才可以有空间和能力去关注他人。我想，这应该是一种负责任的态度，也是包容本身的意义。

当研训呈现灵动的样子

3月30日，王静齐鲁名师领航工作室全体成员在河口区河安幼儿园及河口实验幼儿园开展了"灵动研训"现场指导活动。时任河口区教育局副局长、托幼办主任以及吴燕名师工作室、陈丽霞名师工作室成员共同参与了此次研讨活动。

在研训中实现教师的灵动生长是我一直想去做的事情，它指向情感支持、包容允许、创意生发、流动舒展、生生不息的共生状态。今天，在河口区河安幼儿园和河口实验幼儿园，我真实地感受到了研训的灵动。

笔墨虽短，始容天下之炯，一方红印，记此大雅之行。扎染织就个性书签，孩童描摹音容名字。上午河安幼儿园的每一处细节里都把最滋养的传统文化温润入心。当吴燕园长的声音响起时，"听声读字"透过淳朴将童年再现。绘本中的可能，成为汩汩源头，流过老师们的心，流向孩子们的心，流向每一寸时光的心。三月的海棠写着春光，我们在摄影师的镜头里，留下被眷顾的笑容。这真的很美好很幸福，幸福的教师、幸福的孩子、幸福的教育。

围炉煮茶、柿柿如意、松弛活泼、欢喜雀跃，当棉麻线绳缠绕着精心整理的别着一朵粉色小花的工具书，成为一份心仪的伴手礼时，庄重

· 131 ·

忽然悄然于心间。看见了儿童的老师们，成为灵动的形象，解读着行为背后的故事，也演绎着自己的成长之路。明线是案例分析，暗藏着"谁是卧底"的游戏，双线设计精彩不断。这是费了多少心思才生发出的美好相聚啊。茶香浸润到每一个角落，融洽也体现在每一次互动中，我仿佛看见一节精彩的优质课，设计巧妙，趣味盎然，碰撞出一段段笑声，在质疑与推测中，教师觉知自己的角色和思考，怀有满满的敬意。我很笃定地相信多次灵动研训后，我们一定会收获到更深度的思考，更落地的策略。因为把所有最好的教育都落到孩子身上，才是最重要的也是最有意义的事情。

感谢，感动，感慨，感触。只想大大地拥抱每一位付出的老师，谢谢大家开出第一朵灵动研训之花，把芬芳与春光酿成理想的模样，把灵动研训的模样具象起来。

谢谢河口区的领导们，如此大力支持，让我们每个人都被深深"馈赠"，富足了精神，让2023年3月30日这一天变得与众不同。

谢谢工作室的小伙伴们，每个人的美好和努力都成为这个团队共有的财富。听到刘园长说她们园里的教研已经开始用灵动的文化理念去指导和实践的时候，我很开心，能为别人做一点事情，得到他人的认同，对我而言真的是太重要了。当看到陈园长的留言时，她说："今天结束后老师们反馈，这样的教研真好'玩'，虽然在激烈地讨论着专业的话题，但是一点也没有不敢说，这种自然而然、敢说想说的状态真好，以后我们还要这样'玩'，老师们在整理场地时还在意犹未尽地畅谈。这样的改变是灵动的魅力，再次衷心地感谢你，感谢你的引领。"读后，我竟流下了眼泪。

此刻，我在陈园长刚刚读过的《孩子是个哲学家》这本书上也留下了我的痕迹。在陈园长圈出的"充实""改变"旁边写下："读到此时，你一定很忙碌吧？这样的对话真有趣，我忽然感觉到这种联结不可见却格外纯粹。"

亲爱的老师们，下次的"趣悦读"计划里，我们又会有怎样的碰撞，发生怎样的故事呢？下次的相聚又会有怎样的启发和收获呢？我充满期待，也无比希望我们一起照亮我们的教育生活之路，守护好孩子们的童年，让其在朴素自然中实现灵动生长。

河口之行，无比惊艳且震撼。

你即你所读

——写在世界读书日前夕

"你即你所读"这句话是从山东省绘本阅读推广第一人索菲爸爸那里知道的，然后这句话就会在很多时刻忽然跳出来，有时像智者一样，有时又有些调皮，每每如此，我就笑一下。是啊，你即你所读。

我常觉得这里的"读"，有书，也有人，更有时间和空间，而书仿佛是一叶舟，通达于人、时间与空间，变成一段故事，或淡或浓。

也许这本身就是读书的意义。

可是，节奏越来越快的我们，一边稀罕着"从前慢"，一边无可奈何地继续被裹挟，唯有踏上书那一叶扁舟的时候，属于自己的另一个空间才真正打开。

我们有多久没能闻到书香？我们在读书的时空里，又有谁也同在？如果可以不是因为任务而捧起一本书，与它真诚地对话，或许那一刻，我们才和书走到了一起。

世界读书日，一听就觉得特别宏大的一个词，装满了多少人的愿望呢？书一定与天堂有关，不然为何有那么多人像朝圣一般要在这一天捧起书来。而这一天翻开书的动作也如雁阵一般，轻松而欢喜，并且带有一种因节奏相同而天然自带的荣誉感。

很有可能过了这天，离这天越来越远的时候，书又被各种各样的牵绊尘封了，但是如果你记得读书时这世界带给你的另外的声音、味道、光影、花草、云雾、远山……它们都是一种陪伴，或许这时的你会多一些与书的不舍。你知道这世上，有书一直忠诚地注视着你，而那道光一直在那里。所以，试着用心灵去读书，和"世界"一起读书吧。

常常觉得读书的时候，需要找一个光线不强不弱的地方，最好有一盆小花，再找一个大大的靠枕，有一杯茶或者一杯咖啡，想怎么坐就怎么坐，然后翻开一本书，过一段时间就换个动作，唯一不换的是舒坦的感觉。茶也许凉了，猫忽然窝在身边，这时自己才拥有了自己。这样读书是一个全方位的松弛。可是假如换一个角度，你就会发现，正是这适合的光、柔软的靠枕，茶和它的香气，小花与它的笑容……它们纯纯粹粹地陪伴着你。因此，今天的读书，既是读给自己，也是读给陪伴着自己的"世界"。

所以，写一封信吧，越过热烈的手机带来的"巧取豪夺"，像看见远山一样，去深深地呼吸，为爱，为自由，为一草一木的枯荣，获得安定，这该是多么值得去做的一件事情。特别喜欢古时候鱼传尺素的浪漫，巧妙与奇妙，长远的思念，还有未知的惊奇。所以今天也给阅读写一封信，写在眉间笔端，等一个漫山遍野鸢尾花的夕阳，让风带去你满怀的希望与气度。

我们有多久没能闻到书香？我们在读书的时空里，又有谁也同在？如果可以不是因为任务而捧起一本书，而是与它真诚地对话，或许那一刻，我们才和书走到了一起。

现在，就让这封信展开在我的世界里：

"阅读"：

你好！第一次给你写信，感谢你无声的陪伴。当我困惑时，你会出现；当我迷茫时，你会出现。我记得第一次见到你是在我小学的时候，那时的书籍匮乏，我最喜欢去的就是舅舅家，因为舅舅家有书。

我记得小舅舅喜欢画国画，写毛笔字，大舅舅能够买来口琴，自己吹出《我的祖国》。

我第一次怯生生地把小舅舅家没有封面的《徐悲鸿画集》和一本舅舅用来仿写的《李清照诗集》借回家。从此，夏天不再炎热，而我一遍一遍把李清照的诗全部背下来。那是我童年时最安心的时光。

谢谢你，让小小的我，因为你，再见花草时仿佛多了一份柔软；屋内再漏雨时可以听出歌声；爸爸黝黑的脸庞和脊背有了英雄的光芒；妈妈红色绿色黄色的头巾里有了月季花的芬芳……

如今的我，已经早入不惑之年，肩头落的头发也已经是白色比黑色多，却第一次写下这样的一封信。但是还好，现在不晚，什么时候说"谢谢"都不会晚，你说是吗？

那么请你继续陪伴我吧……

爱上读书的我

让生长更繁盛

时光如白驹过隙，转瞬即逝，还记得五年前工作室刚成立时的情景，从房间布局到一草一木的培植，从不断地憧憬到思考工作室的愿景，我们怀着最初的激动、兴奋和不安，在五年里扎扎实实地成长，一步一步践行着"朴素、自然、灵动、生长"的教育主张。工作室安静、融洽、富有生机的氛围时时为每一位工作室成员提供着支持和保障，也见证着每一位教师的成长。五年来的点点滴滴是幸福和结实的，我们已然看到它枝繁叶茂、硕果累累，已然被它的温暖包容所吸引，并因自己是其中的一员而感到自豪和骄傲。

与其说这是一份工作总结，不如说这是一份答卷，这是对我们自己成长的答卷，也是一份指向幼教发展的思考。用五年的时间去不断摸索着前进，用五年的时间不断观照着我们的初心，用五年的时间去见证我们最初的方向，我们是欣慰的，因为我们所做的尝试和努力，值得我们说一句：这五年没有荒废。曾经有一个失眠的夜晚，我在想工作室建设以来的我们与最初的我们相比有哪些变化？我们希望的理想的幼儿教师是怎样的？忽然有四句话出现在我的脑海里：心中有理想，头脑有思考，手中有专业，脚下有行动。这仿佛是灵光乍现，但同时也像是一种瓜熟蒂落，含有类似航标的意义。我们努力要成为的不就是这样的老师

挑战与共生

吗？所以此次的工作总结，我就以这四句话为纲，梳理一下工作室的所为与所得。

一、"心中有理想"常思教育原点

幼儿教师与其他学段的教师有着完全不同的概念，它更接近于全人教育，它是孩子从家庭走向社会的第一抹色彩，因此幼儿教师对教育理念的认识和实践显得格外重要。拥有理想的教师更容易积极乐观，更容易让生命鲜活。而这也更指向教育的原点。我们要培养怎样的孩子？我们如何认识幼教工作，意味着我们把孩子培养成怎样的人，如何认定自己也在一定程度上影响着孩子生长的环境。

众所周知，孩子对自己的评价主要来源于外界，尤其是教师的评价作用巨大。假如我们的情绪是平和的，那么我们有可能给予孩子更多的宽容和支持；假如我们情绪有些波动，那么我们是否有专业意识和能力去尽快调整我们的情绪，以给孩子更好的生活环境呢？这些包含着教师的个人修养以及对教育理念的认知和对教师专业的认同。

基于此，工作室特别注意对教育原点的认识，重视心理环境的建设，每一项工作都不强加于教师，每一项活动都基于教师的实际需求。这个过程是长期的，需要一份坚定。我们会在每年年初的工作会议上确定这一年的关键工作，并请有这方面兴趣或优势的老师作为召集人，负责这一年相关工作的组织和开展等。这个小小的举措，可以让每一位老师都有参与工作室成长的主人翁意识，可以极大地增强教师的主动性。而这个举措也源于我自己对教育原点的认知和实践。

因为有这样的认识，工作室在最初成立的几年，在制定长期发展规划和具体活动的时候，最多考虑到的是教师的心理需求。从初期的"房树人"绘画游戏到"生命密码"游戏，从邀请国家二级心理咨询师、东营电台主持人燕老师开展"关注自我，自在成长"交流活动到意象沙游初级和中级资格证培训、家庭教育指导师培训等，我们的培训活动多了很多对心灵的关注。而这恰恰可以帮助教师在感到迷茫的时候能够有力量坚守自己的理想，看见教育的原点。

"爱满自溢"是非常有道理的，在幼儿园这个需要更多关爱的工作环境中，爱成就我们的理想，也帮助我们时时看见肩负的教育理想。有人说浪漫主义的人最适合从事教育工作，我对此深信不疑。教育不管有多少原则多少技术，最终它依然是心灵的工作。就像一个人的面前无论有多少美食，若他无法消化就不能成为他的一部分，而教育要做的就是提供这样一种动力，一种内生的动力。教育者教育人，也被自己教育，在专业上可以是教学相长，在生命层面是共同成长。心中常有理想，人就会有更多的动力，也才不缺对生命生活的热爱和激情。而我们能给予孩子们的或许正是我们如何面对我们的生命，如何把自己的生活活出真实和繁盛，这不正是教育的原点吗？

二、"头脑有思考"助力专业提升

在评价一位教师的专业成长时，我们常常需要用一些数据或一些成绩来佐证。比如五年来王静名师工作室主持人先后被评为山东省特级教师、山东省百佳教师、第四批齐鲁名师建设工程人选，工作室成员先后获得市级优质课、安全优质课评比一等奖，省市级一师一优课一等奖，国家级微课、信息技术制作一等奖，国家级自制玩教具评比一等奖等，发表论文十余篇，多名教师成长为教学能手，成为幼儿园真正的骨干教师。这些成绩的取得确实十分喜人，也颇令人骄傲。但是就我个人而言，我更愿意这样评价工作室的老师们，她们是有独立精神、喜欢思考的老师。

记得在名师答辩的时候，有 道题目是关于如何培养教师的，我的回答是，关注教师成长的最近发展区，以自身的模范带头作用潜移默化地影响教师，除了让教师看到名师如何工作外，更应该看到工作之外的名师。其实就此刻谈名师，我总觉得与自己并不匹配，我觉得自己远远

没有达到一个真正的名师的高度，但是我想名师是一个动态的成长过程，目的不是去成为名师，而是在成为名师的路上去完成一个教育者应尽的使命。这就是我的思考。我很庆幸，我总会把自己的所思所想第一时间分享给工作室的老师们，年轻的他们在讨论的时候总会心生感叹地说："这么小的一件事情，王老师都能写出那么一大段文字，真让人佩服。"我想我做的不是为了让人佩服，而是告诉大家我的思考过程，并将这种思考的快乐传递给他们。年轻的老师们一定会根据自己的现有情况有选择地吸收和产生自己的思考，这样我的目的就达到了，工作室真正意义上的示范引领也就达到了。

还记得我们邀请山东省绘本阅读推广人索菲爸爸来园为200多位教师和家长进行分享时，邀请《山东教育》编辑陆春燕老师来园做"漫谈生活的写作"讲座时，带给老师们的思考。每一件事情，尤其是每一件关键事情都是一盏明灯，给我们以坐标去对照自己，产生独立思考，从而可以避免人云亦云，在铺天盖地的理念轰炸中，专注于当下，真正实现专业上的成长，造福于孩子，无愧于师者的称谓。

三、"手中有专业"实现扎实成长

教师的专业成长永远是主旋律，如何实现工作室带领下的稳步成长，一直是我格外关心的事情。有理想，愿意为教育事业奉献，能时常向内观初心，有思考，能在人云亦云的各种理念的冲击下保持辨识性，这些本质上是专业的一部分，只不过我们平时所说的专业更加狭义罢了。

幼儿教师的专业性体现在哪里，华爱华教授说教师对幼儿行为的解读即观察、解析、支持等，是幼儿教师不同于其他学段教师的专业性所在。对此我无比认同，同时也要客观看待耐心、爱心、同理心等情感类的要素。我觉得一位幼儿教师的专业还应体现在时刻注意发现事件中的教育契机，帮助孩子乐观积极地生活。如果再狭义一些，集体活动中的师幼互动往往可以更好地反映这一要素。疫情期间，工作室成员主动要求开展"意象沙游"读书活动，可以对我们的课题"沙盘游戏在幼儿家庭教育指导中的应用研究"有进一步的理解。沙游理念中的守护原则正好与我们的专业支持相吻合，这样的认识是从懵懂的坚持中发觉的。同时也证明了课题研究对于教师专业成长的促进作用，并且这种作用是无可替代的。

五年来我记不清自己听了多少节课，帮助多少年轻老师修改设计教案、评课等。我只记得自己是全身心投入的，因为每一次课例打磨对年轻老师来说都是一次难得的成长机会。这是一种综合性的练兵。同时我也深刻地认识到，当前我们应该要培养的，是教师设计、支持、理解、共情幼儿游戏的能力，这里的经验积累最终会变成我们对课程的把握水平，能让我们真正发现课程价值，对生成课程的深度学习具有基础性作用。这一份专业是沉甸甸的，同时也是很有挑战性的，毕竟我们已经习惯了以"课"衡量专业能力的模式，而无法生成新的评价体系，但同时又必须具有前瞻性。我想我在做着这样的努力，这份努力需要理解它的人认同，而它是真正能握在手中的"专业"。

四、"脚下有行动"成就魅力团队

回首过往，我们是欣慰的，因为我们一直在扎扎实实地行动，从承担幼儿园室内环境改造到暑假期间完成青鸟计划（缓解幼儿入园分离焦虑的家庭教育指导实践），再到承担各类培训、各类送教下乡活动，很多过程都历历在目。2017年我带着腰伤与山东省东营市垦利县王静名师工作室开展联动教研，分享音乐教学的相关经验。2018年11月我被教育局选派到新疆五县及建设十二兵团开展送教工作，茫茫戈壁让我们体会到祖国的广袤之余，更多了一份敬畏。2019年7月王静流动名师工作室在利津县北宋镇中心幼儿园成立，工作室积极开展读书、跟岗学习等活动，帮助两所幼儿园互通有无。2019年5月到11月针对农村幼儿园教

挑战与共生

师专业成长开展的"林间芳华"王静名师工作室志愿活动吸引了济南、滨州、广饶、利津等地幼儿教师的参与。2019 年 11 月，在垦利和河口两站完成了"送培训 基层行"讲座。为了更好地开展幼儿家庭教育指导和幼儿园教师团队建设，2019 年 11 月 28 日"静隅沙盘游戏室"在加班加点中建设完成，并邀请老师和家长参与团体沙盘和个体沙盘活动，取得了大家的信任。疫情期间，我们率先进行了"家有'小魔兽'"系列家庭教育指导微课程，虽然常常加班到深夜，但使命在肩，无怨无悔……所有的这些让王静名师工作室成了名副其实的魅力团队。

这些年来的随笔文字已经无法计数，每次活动无论大小，我都会有总结和反思并第一时间分享给工作室的老师，这已经是自己的工作习惯。赠人玫瑰，手有余香。分享是一种美德，写东西分享更是一种修养。工作室正是在不断的行动中，践行着我们的教育主张，分享着我们的教育智慧。有思想无行动是空想，也是一名教师的大忌。正是源于这样一种认识，工作室的每位成员都取得了让自己引以为荣的成绩。而工作室也因此得到了更多年轻教师的青睐，大家纷纷表示愿意加入工作室。而此时我的做法是先让年轻教师加入我们的活动，成为准成员，待经过一段时间的互相了解之后，再请他们做出选择。这样做的初衷就是想培养老师们的独立思考能力，同时也是一种建立在尊重层面的选择，工作室只吸收愿意加入的老师，因为具有相同的节奏，才能成为最适合教师学习成长的团队。

我始终坚信，想做才可以最大化地发挥出自己的内生动力。工作室的下一步方向是以"沙盘游戏在幼儿家庭教育指导中的应用研究"为载体，进行有关家庭教育指导的真研究真行动。二胎政策放开以来，入园幼儿人数激增，再加上疫情的影响，这些都要求我们必须联合家长力量，形成教育合力，提高家庭教育质量，让孩子们受益。因此，以沙盘为载体的活动将成为我们接下来的重头戏。同时，沙盘游戏对教师解读幼儿行为的启示，也是我们关注的重点。它是否能形成可操作的可复制的程式化的方案，是否具有更深层面的推广价值，这些都是我们需要研究的内容。

忽然想起一句话"研究不是我们做了什么，不是总结，而是我们为什么而做"。我想这应该是工作室的一个新的起点，我们已经拥有了最富有活力的教师团队，接下来，这个团队需要成为研究型团队、专家型团队，甚至是有教育家气质的团队。我想这个过程是我们可以在若干年后，像今天这样洋洋洒洒回首记录的过程，而这个过程也将在"心中有理想、头脑有思考、手中有专业、脚下有行动"的新一轮的实践中取得成效和信心。

总之，五年的时间弹指一挥，很多努力的瞬间都变成了记忆，甚至只有在翻阅资料的时候才能想起来。唯独不变的是我们的教育理念——朴素、自然、灵动、生长，它所代表的是一种实干和温和，一种坚定和努力。这是我们的财富，而且是我们收藏起那些成绩之后真正留在我们身体里的财富。所有的成绩只有在归零之后才有价值，起点永远都是我们重新起航的力量。此时此刻，我愿意微笑着说，五年的时间不长，但足够让一粒种子破土成长为幼苗。一棵幼苗的力量又足够让我们心怀希望，以对一棵大树的憧憬之心开启新的成长的旅程。而我们坚信，有"四有"作为航标，我们一定可以让这个新的旅程真诚满溢，更加繁盛。

◎ 挑战与共生

情怀耕植，林间芳华

时间匆匆而过，2020年10月，开发区王静学前教育工作室成立。至今我还记得第一次和大家相见时，那12张阳光面孔围在我周围时的样子：她们来自10所不同的幼儿园，面带着期望，眼睛里闪着光。当时就有一个声音一直在我的耳边萦绕：我能带给她们什么，我要带她们到哪里？

学前教育与其他学段的显著不同之一是，学前教育不是学科式教学，学前教育发生在和孩子生活的每一个瞬间，生活是学前教育的重要载体，而10所幼儿园各有自己的教育特色，如果聚焦于专业技术层面上的一点，收效会甚微。怎样让这宝贵的2年实现它存在的价值，我一直在思考和努力。大树有根所以安稳，我想最重要的就是方向问题，理念的引领、共同愿景的建设决定着整个团队建设的最终质量，因此第一年可以用根的生长来形容，而接下来的一年可以用叶的繁茂来比喻。基于此，工作室先后进行了大量具有不同视角和更广阔视野的团队活动，并取得了一定的成绩。

一、基本情况

王静学前教育工作室共有13名成员，来自开发区10所不同的幼儿园，导师为《山东教育》（幼教园地）编辑陆春燕老师。工作室以"朴素、自然、灵动、生长"为教育主张，深思学前教育的使命，积极进行教育实践。初步明晰了教师专业成长新路径"陶养计划"的实施方案。一年来共进行了线下集中活动7次，线上活动1次，并以沙盘游戏和阅读活动为主要媒介，以具体教育案例和教育场景描述为主要话题，每月进行1次探讨研磨活动，为团队成员创设了自由信任的文化氛围，关注教师精神世界的教育探索，得到了团队成员的认可，在全面提升教师专业能力方面取得了较好的效果。

二、具体工作

（一）回归教育本质，建立精神中轴，推动团队活动创意开展

我们总在寻求教育的创新样态，可真正的教育需要一个个真实的自我与一个个美好心灵的参与。教育是构建关系，教育是重塑价值，教育是一种关系的深层契合，教育也是在建设自己的精神世界。教育的形态无需设计，只需自然流淌。这种自然的、守正于心的精神符号，正是教育本质所应有的。正是秉持着这样的认识，工作室以自己的节奏，扎实而富有活力地进行着"生长"。（如图）

◎
挑战与共生

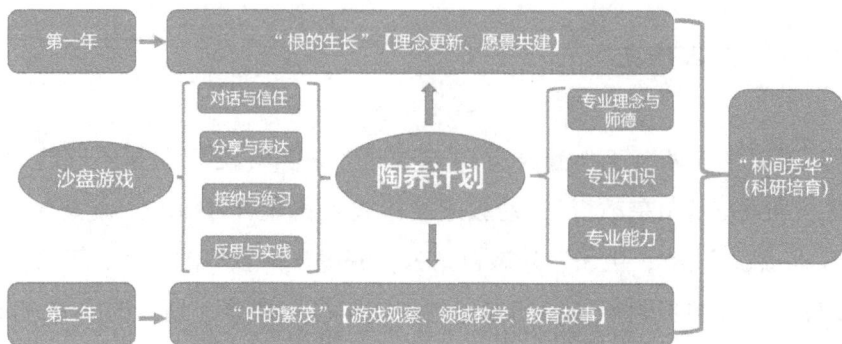

开发区王静学前教育工作室暨"林间芳华"团队总体发展框架图

1.对话与信任，形成团队共同愿景。

工作室成立初期，我们通过对话沟通，以最快的速度完成了"破冰"过程。这也得益于沙盘游戏的运用，因为有了直抵心灵的交流，团队的信任感顺利地建立起来。沙盘为每一位成员呈现了当下和未来的状态，更客观地描绘出未来的场景。我们鼓励每一位教师有自己的特色，包容每位教师的生长节律，通过不断的不同形式的对话，团队的共同愿景建立起来：这个新的团队应该是一片茂密的森林，每个人都是一棵大树，是杉树的生长为杉树，是柳树的生长为柳树……每个人都有足够的空间，从而建立起一种生态，可以守护孩子们的生长，也彼此给予支持。这种愿景更像是一种教育理想，它直抵心灵，为教师的主动成长提供了原动力。

2.分享与表达，由内而外生发动力。

在工作室建设初期，分享与表达成为常态，我们建立了可行的发展规划，并确定了工作机制，每个月开展一次集中线下活动，每个人成为分享与表达的主体，团队会提前做好安排，让每一位成员都有机会成为主角。比如辽河幼儿园薛虹虹老师在分享自己的教育故事时，引发了所有成员对师幼关系的思考，大家纷纷结合自己的工作实际，对工作有了新的经验和认识。同时团队第一时间建立了QQ群，每次活动都会及时上传至指定相册，并在当天晚上10点以前完成各自对参与活动的反思。

反思字数不做要求，但务必真实，拒绝敷衍。这也是对表达的一种尊重。一年来，每一位成员都在遵守着这样一个约定，这也让作为主持人的我更加坚信，分享与表达可以提高沟通质量，让每个人在团队中获得价值感，从而实现高质量的自我管理，发挥团队成长的优势。

3.接纳与练习，补齐个人专业短板。

随着活动的开展，教师的个人能力得到充分展现，同时也很自然地显现出个人专业方面的短板。比如对教育理论的重视程度还不够，对幼儿成长过程中的关键事件还缺乏敏感度，梳理的深度也不足。鉴于此，我开始利用美篇来记录自己班内的故事、记录老师们的课堂，并及时上传到QQ群，通过线上交流，帮助团队成员从关注知识技能到关注情感态度支持下的全面的教育行为。同时，我会仔细阅读每一位教师的反思，并给予个别指导。

半年之后，针对大家的共性问题，我们进行了线下家庭教育指导案例撰写的具体培训活动。首先建立统一模式，帮助教师厘清案例书写的重点，然后以两篇具体案例为剖析对象，详细阐明了案例书写的注意事项，让每一位教师在自己原有的基础上有了大幅度的提高之后，又对每位教师的案例进行详细的修改，并一一做好指导。

这个过程，我并不要求所有的老师达到一个标准，而是给予每一位老师足够的空间和时间，完成自我梳理和试错的过程。让每一位老师允许自己的不完美，然后通过练习达成心理的成熟，是一件很重要的事情，因为它符合一个教师成长的规律。尽管它看起来不如直接指导教育教学策略更容易出效果，但是在整个团队的发展理念之下，它更像是一个扎根的过程，尽管缓慢，但价值会更长远。

4.反思与实践，创新启动陶养计划。

在工作室活动开展的过程中，我们慢慢清晰了这种建立精神中轴的尝试更像是一份宝贵而可行的计划。我把它命名为"陶养计划"，它的理论依据是自然主义教育观和积极心理学理论。教育贵在熏习，风气重在浸染，陶养计划与此如出一辙。作为工作室主持人，我以身作则，与

工作室成员共同营造积极正能量的氛围。我们通过充满灵性与创意的活动，实现与自然的深度连接，并与孩子们建立紧密的互动。我们希望在疲惫无助迷茫时，有人能记得有这样一群人在坚守、承载和接纳。每一个孩子都是种子，每一位教师也是种子，陶养计划就是要为老师们提供澄明的阳光、干净的空气和清澈的泉水。

陶养计划的启动成为工作室建设的重要节点，它充分呈现了一种共同成长的状态，主持人与团队成员在真诚的努力中，达成了高阶的教育认知。2021年9月26日，陶养计划正式开启。开发区的领导以及幼儿园的领导高度重视，工作室邀请了《山东教育》（幼教园地）主编高主任和工作室导师陆春燕老师一起为开发区200余名教师进行了一次高质量学前教育发展背景下的培训。可以说，陶养计划从开展以来取得了显著成果。目前，陶养计划正在进行以阅读为主要创新点的活动。

（二）立足实际需要，以案例引深思，寻找教育场域的精神空间

教育场域有三个空间：物质空间、认知空间与精神空间。只有精神空间才能让教育产生生命力，让教育者产生爱与信念。今天，我们需要特别营造精神空间，来帮助教师养成教育的自觉性。而如何让这种理念落地，化为行动，工作室也做了一些尝试。

1.SWOT分析，进行个人合理规划。

通过对工作室成员进行SWOT分析，每个人的实际需要和现实状况会比较清晰地呈现出来，这有利于教师对自己进行合理规划，产生适宜的成长期待。同时有利于教师以自己为方法，开展教育实践，以客观的视角审视个人行为，生发出对教育场域和精神空间的关注。

2.生活视角，关注教师职业幸福感。

每次工作室活动都会用一种艺术化的形式进行签到，以此有意识地让老师关注生活本身，关注教育具有创造性这个事实。而具体的活动内容也会根据当下的现状并顺应季节的变化进行设计。比如11月份的线下活动，是老师们非常喜欢并关注的森林课程。但是由于疫情，不能按

预期进行，于是我把森林课程的理念带到日常活动中，让每一位教师选择一样真正能和自己发生联结的事物带到沙盘游戏室。例如，张珊珊老师带来的紫藤种子成为大家的幸运之光，秦晓红老师讲述的孵化鹌鹑蛋的故事也让大家产生了深度的共鸣。

（三）着力业务提升，促进百花齐放，收获团队和个人成长

对"林间芳华"团队的全体成员来说，尽管这一年受疫情的影响，发生了很多不确定的事情，但是在外界的"困境"之中，生发出了自己的教育信念，这个团队仿佛是一处温暖所在，让我们能在琐碎纷扰中，还相信有一群人在，有一份力量在。这种教育的勇气虽无法言说，却是极为珍贵的。因为在我看来，这才是真正的成果，虽然看不见，但对生活的幸福感，对自我的认同感，都会帮助教师散发出自信的光芒，继而温暖每一个在他身边的儿童。

一年来，工作室成员1人被聘为山东省"'互联网+'教师专业发展"工程省级工作坊主持人；5人次获市区级教学能手、学科带头人荣誉称号；3人获开发区"教书育人楷模"称号；11人次执教市区级公开课、送教课；10人次在各类优质课评比中获市区级奖项；17人次在信息化技术评选中获市区级一、二等奖；9人次课程资源和案例获市区级一、二等奖；4篇论文在省、国家级刊物发表；8人次在其他业务评比活动中获奖。

工作室以"沙盘游戏在幼儿家庭教育指导中的应用研究"为课题，止在进行团体沙盘、小组沙盘和个体沙盘的实验研究，并取得了一定成果，其中《五步助力青年教师成长》《"沙盘游戏"家庭教育指导课程的开发与实践》发表于《山东教育》，《孩子的自发游戏，您关注了吗》发表干《学前教育》。工作室的成员积极承担课题任务，在教科研工作中取得长足发展，其中开发区立项课题有4项。

工作室主持人积极参与了山东省首届"幼教之星"7进5环节的命题工作，被聘任为2020年山东省"'互联网+'教师专业发展"工程省

◎
挑
战
与
共
生

级工作坊主持人，承担远程研修专业指导工作，并在各类优质课、达标课评选中为青年教师进行专业点评和具体指导。

（四）积极示范引领，书写生活态度，塑造"林间芳华"内在品格

示范引领是工作室的重要任务，2020年4月，王静在开发区艺术领域主题教研活动中，做"乐由心生"的专题培训；2021年6月，正值建党100周年之际，工作室应邀前往陕西省延安市延川县进行送教活动，分别是小班语言领域"抱抱"、大班科学领域"猜猜哪是左和右"、大班艺术领域"戏说脸谱"，取得了广泛而良好的社会影响。工作室成员也先后在各级各类送教活动中承担重要工作。

同时，主持人非常重视寻常时刻的身体力行，比如2020年10月的活动结束后，主持人按照约定种植了紫藤种子，并用图片作了记录，分享到QQ群，帮助教师理解并体悟只有行动才能找到幸福感的道理。同时积极跟进秦晓红老师的孵化鹌鹑教育故事，并给予积极支持。这些行为都是以生活为出发点，教师要学会发现生活中的教育价值，并充分利用好这些价值。因为教育最终是要为生活服务的，教师对于生活的态度和行为，对儿童的影响远远大于说教。

三、存在不足和未来打算

工作室在运行和发展过程中存在一些不足，主要有以下几点：

一是还不能积极顺应后疫情时代，需及时开展相应的教育研究活动。

二是示范引领的力度还不够，需积极对接，主动进行面向开发区的示范引领工作。

三是对成员的个别指导还不够，尤其是在领域教学中的面对面指导还不够。

四是受疫情影响，原定的跟岗学习计划、森林课程等实践活动未能如期进行。

在接下来的工作中，将继续以"陶养计划"为载体，提升教师职业幸福感，实现教师的内在生长，并在此基础上，着力在各领域集体教学活动设计方面开展相应活动。同时加强课题研究工作，梳理"陶养计划"实践经验，争取课题立项，创新教师专业素养提升的新路径。

一年多以来，我深深感动于这个团队的凝聚力，折服于老师们的行动力，也以他们精湛的业务能力为荣。尽管幼儿园的工作周而复始、琐碎繁杂，但是这个团队却成为一个特别的存在，具有自由和信任，更具有责任和情怀。我们相信"林间芳华"团队的努力可以为开发区学前教育的发展贡献自己的力量，也相信这个团队可以因情怀根植，实现更为繁盛的生长。

寻常巷陌，浅作粗耕

时光滔滔逝去，极不平凡的2020年终于接近了尾声，不知是什么原因，往年早就会在心里把一年的工作整理归纳，心生澎湃，今年却格外没有动力去记录。是工作很轻松吗？是态度不够端正吗？都不是，自从2019年有幸被选为第四届齐鲁名师建设工程人选以来，自己是非常忙碌的，2020年的工作速度是以前的N倍，而自己认真踏实的工作风格丝毫没有变化。

借由齐鲁名师建设工程人选考核的事宜，我认真地梳理了一下这两年来自己的成长。我总感觉自己仿佛一粒正在破土的种子，在艰难地寻找着属于自己的一丝缝隙，虽然我知道阳光一直都在，但最重要的是自己要努力。2019级六班很像自己的一块田地，在东营这座安静的小城里，在大美海幼的滋养之下，静悄悄地耕种着。作为一名一线教师，尽管工作节奏是快速的，但回顾过往，那种沉实朴素的姿态，仿佛就在寻常巷陌里。日复一日，耕作虽肤浅和粗略，但凭着自己的真诚，我想这两年我依然是止于至善，心无旁骛的。

一、重视规划落实，提升师德修养

个人三年规划制定之初，对于未来三年的发展是比较模糊的，但是随着前两年的成长，再对照规划，你会发现规划仿佛是一种内化在意识里的动力，轨迹与规划是基本相符的。当然，这与自己重视规划落实是分不开的，但同时也有很多不足的地方：在成果物化方面，写作能力不足，理念意识不够；也有很多自己没有开启的任务，比如继续撰写儿童心理方面的文学作品。真正扮演好儿童与成人之间的信使这个角色，接下来还需要合理分配精力，找到最关键的方向并为之努力。

作为一名名师建设工程人员，师德修养的提高是重中之重。我认真学习优秀教师事迹，努力使自己可以浸润高尚师德，比如观看"时代楷模"张桂梅校长的事迹，对照自己的成长，提升自己的师德境界。我们在每学期初签订师德承诺书，以书面形式规范自己的教学行为，工作中严于律己，得到领导和老师们的高度认可，师德考核优秀。

二、潜心培训学习，精做课题研究

两年来，我积极参与各级各类培训学习，如国培、"互联网+"远程研修、开发区教师培训、校本培训等，及时撰写学习笔记、反思心得，主动承担培训期间的一些任务；同时，与专家教授及时沟通，积极交流，珍惜各类培训机会，让自己处于培训的最佳状态，继而得到同学和老师们的认可，比如曾获得国培优秀学员称号。这些培训帮助自己实现了非线性的成长，并对实际工作产生了积极深远的影响。

课题研究是名师建设工程的重中之重。在导师们的帮助下，我们针对课题先后进行了多次专项培训，让课题引领名师成长成为最有效的成长途径。经过慎重考虑，我选择了"沙盘游戏在幼儿家庭教育指导中的应用研究"作为自己的课题，开题报告和申请书的撰写让自己对这个课

题有了更为全面的认识。导师的直接指导让我对课题有了抓手，比如沙盘游戏在家庭教育指导中的价值、怎样进行沙盘游戏、规章制度如何建立等。对于导师的意见我及时整理，然后召开课题小组会，及时传达，积极主动进行交流、研讨和碰撞，从而确保课题顺利进行。按照课题研究的计划，我们认真努力地进行着。一年内课题研讨共进行了9次，沙盘活动开展了近20次，正式记录沙游案例10篇。

首先，建立静隔沙盘游戏室，可让老师们做集体沙盘，增加老师们对沙盘游戏的兴趣和认知。同时用问卷星调查家长对课题的认识以及参与愿望，结果显示98%的家长愿意参与课题。

其次，培养专业的沙盘游戏家庭教育指导师，以点带面，提高教师指导家庭教育的专业性。一年时间就有6位教师具有了"意向家庭教育指导师"证书，4位教师具有"意象沙游中级证书"，辐射实验班级和课题研究小组30多位教师。同时积极提炼沙盘游戏理念中可以帮助教师观察与支持幼儿游戏的内容，促进教师的专业成长。

再次，确立沙盘游戏开放日，以固定时间的方式让沙盘游戏课题能够扎实有效地进行。其中每周五为沙盘游戏开放日，上午为教师团队沙盘，下午为实验家庭沙盘，晚上为部分幼儿开放。并采用预约制度，确保课题研究有序进行。

最后，及时反馈整理，调整课题研究的方式方法。每次活动之后我们课题研究小组都会进行深入研讨，通过交流反思，我们逐步有了更大的信心。沙盘游戏理念中的守护原则、家庭沙盘中家长的强烈兴趣和认同感都让我们有了继续下去的勇气和动力。

沙盘研究中遇到的问题是：我们可以物化的成果是什么？经过连续的家庭沙盘，针对不同家长、不同问题，沙盘游戏的设计是完全不同的，其中哪些可以复制，如何整理成为有体系的内容，真正对教师和家长有指导意义，是我们还比较茫然的地方。当然我相信，随着案例的不断增加，我们可以从中提炼出具有更广泛推广价值的内容，从而让沙盘游戏真正助力家庭教育。

三、拓展专业阅读，注重示范引领

教师的成长离不开专业阅读的积累和应用，于是我们利用多种方式开展与阅读相关的活动。向工作室成员推介好书，比如《意象沙游》《夏山学校》《课堂上究竟发生了什么》《儿童游戏通论》《爱弥儿》《放手游戏 发现儿童》《小区域、大学问》。2020年初，利用"学习强国"视频会议功能进行"意象沙游"共读活动，通过阅读和交流，大家对课题有了进一步的认识，增强了信心。同时也发现了沙盘游戏理念中与教师专业性的交集部分，因此对课题有了更多的兴趣。我个人还阅读了《文化苦旅》《光荣和道路》《枢纽》《儿童发起的游戏和学习》等文史类和专业类书籍，关注了多个名师工作室公众号和花草园公众号、日敦设公众号、中国教育报公众号等，尝试更为独立的思考，形成自己的教育意见，在兼听则明的原则下，更加崇尚朴素自然的教育理念。可以说，这些专业阅读让我积累了大量的专业知识。同时我会第一时间对组织和参与的活动进行反思记录和分享，两年来记录文字200多篇。

我积极重视示范引领，先后承担了支持利津跨域发展名师流动工作室的任务。在成立市级名师工作室的同时，于2020年10月又与10所幼儿园的13位老师成立了开发区王静名师工作室，以多种形式发挥自己的示范引领作用。一是积极参与线下培训。2019年承担了"送培训 基层行"活动，在河口、垦利专场获得了参训教师的高度认可。2020年10月为开发区新教师开展了题为"教育情怀与师德修养"的专项培训，得到了领导和老师们的认可。二是成立"林间芳华"志愿团队，在线为来自济南、滨州、菏泽、广饶、河口、利津和东营市的幼儿园等幼儿教师开展了内容丰富、形式多样的培训活动。三是积极指导年轻教师参加集体活动。我先后听取了100多节活动课，在集体活动设计、核心理念、教学策略、教具学具等方面进行指导，获得了来自年轻老师们的敬佩和信任。同时积极为三位年轻教师修改文章并成功发表于《山东教

挑战与共生

育》。这个过程自己是全心投入、不分昼夜的，有时也很佩服自己，为何有那么大的热情，我想这大约与责任和使命有关吧。

四、积极参与网络工作室和工作坊活动

网络工作室和工作坊活动是一扇更为明亮的窗户，借助网络我们可以实现更畅通的交流和更广泛的资源分享。于是，我积极上传自己的教学心得、教育经验、教学案例，并重新整理《小六班》上传至名师工作室网络空间。2020年有幸担任省级工作坊主持人，这对我来说是一个很大的挑战，一是经验不足，二是能力有限。所以，此时的请教和学习成为最主要的任务，我先后咨询了许多名师，了解网络工作坊的内容，并积极对接自己的工作，尽力完成个人清单。同时也暴露出自己的问题，首先是教育信息技术还有待加强，其次是学习能力还不够，接下来自己要多学多看多用心，不辱使命。

五、教学思想与业绩成果

两年来，自己更加明确了自己的教学思想：朴素、自然、灵动、生长。

朴素是一种生活态度，也是一种工作态度，我希望我们可以祛除浮躁，看到本真的美，并努力成为这种美的一部分。

自然是一种教育理念，我希望我们能看见自然的力量，享受自然的馈赠，在最接近自然状态的孩童内心，播下阳光的种子。

灵动是一种生长状态，它是欢喜雀跃的，是努力向上的，是富有创造力的，是眼睛和心中都充满笑意的。

生长是一种理想结果，它不同于成长，它是有内驱力的，是有勇气的，是有节奏的，是更鲜活的成长。所以，无论是教师还是孩子，我更愿意用生长来做期望。

我一直是幸运的，经过考核，获得了东营市名师的荣誉称号，先后在《山东教育》发表文章《平凡献礼祖国》《五步助力青年教师成长》，其中《五步助力青年教师成长》还发布于山东教师公众号；应邀为广西师范大学出版社撰写了《艺术家阿德》和《梦去哪里了》的导读；指导青年教师先后获得区级教学能手、市级教学能手、国家级信息技术微课一等奖等。疫情期间带领课题研究小组录制了"家有'小魔兽'"系列微课程，得到了家长们的广泛认可。

除此之外，我觉得自己真正的收获是获得了年轻教师的信任。在开发区王静名师工作室的活动中，我调研了老师们目前的疑虑和困惑，决定以沙盘为辅助，开展一系列以古琴、茶道、生活美学等为内容的陶养活动。这项工作是具有挑战的，也是崭新的，但我愿意去尝试一下。当然，更重要的是我在课题研究中拥有了属于自己的三个"哇"时刻。

一是在课题研究进行了一年多的时候，我一直处于很茫然的状态，虽然知道要去做这件事，但是总有种"不那么肯定"的感觉。忽然有一天，一个念头清晰地出现，噢，原来我要做的不是去推广沙盘，而是要把沙盘中那些有价值的理念提取出来。比如守护理念可以更好地解释安吉游戏中提倡的教师需要"闭上嘴，管住手，瞪大眼，竖起耳"到底是什么。

二是在课题研究推进过程中发现应该固定沙盘游戏时间。于是各种调研之后，我们选择每周五为沙盘游戏开放日。当宋园长亲自带领了一次儿童个体沙盘游戏之后，孩子们的专注度和改变给了她很大震撼，她笑着说："我们再给孩子们增加七八个沙盘。"其实也就是在那段时间我才明白，沙盘是孩子们的一种游戏材料，只不过这个游戏材料适应的群体更加广泛，但它的作用远远没有被开发。

三是与家长进行沙盘游戏的过程中，有的家长走不出自己的认知，总觉得孩子必须坐在那里一动不动才是专注力集中。于是经过充分倾听之后，家长们的沙盘作品更有典型性。先帮助家长设立情境，让家长想象带孩子到自己创作的沙盘作品中，然后想象孩子可能发生的事情和自

挑战与共生

己可能的回应。结果这些家长一下子就明白过来了，而且此时其他家长眼睛里也格外明亮。在家长的文字反馈中我了解到，他们当时都很震惊，觉得沙盘太精准并且很有效。而当时那些家长眼睛里的光带给我的也是一种强烈的成功感，后来我自己都觉得，原来我可以及时生成新的设计，这样做确实很有挑战，也很刺激，很骄傲。

作为一名普通的一线教师，尽管有各种荣誉加身，但仿佛它们并不属于自己，或者说它们离自己很远，我有时会问问自己，才确定自己是有这些荣誉的。我想这是一种很不错的心态。本意是想把事情做好，这个朴素的念头一直没有改变过。做一个普通的教师，在寻常时刻和平凡岗位上把事情做好，就是自己最大的心愿了。现在越来越感觉到自己能力不足，尤其是随着年龄的增加，很多事情心有余力不足，但是好在自己的心态还很年轻，并愿意一直努力和踏实地付出。但自己也深知，在幼儿教育这片田野里，自己的能力和见识还是远远不够的，虽勤勉但终究感觉是浅作粗耕。尽管如此，我依然愿意成就一种素淡的沉实感，在寻常巷陌里，耕耘出属于孩子们的丰饶，我想这未尝不是一种绚烂和瑰丽的生活。

"陶养计划"是什么

大约一年前，开发区王静学前教育工作室成立，我至今还记得第一次和大家相见，那12张美丽的面孔围在我周围时的样子，她们来自10所不同的幼儿园，面带着期望，眼睛里闪着光。当时有一个声音一直在我的耳边回绕：我能带给她们什么，我要带她们到哪里？

我们都知道学前教育与其他学段不同，不是学科式教学，比如语文工作室、数学工作室。学前教育发生在和孩子生活的每一个瞬间，生活是学前教育的重要载体，而10所幼儿园各有各的特色，如果聚焦于专业技术层面上的一点，显然会收效甚微。怎么样让宝贵的两年实现它存在的价值，我一直在思考和努力。

此时我是齐鲁名师建设工程中的一员，正在进行的课题"沙盘游戏在幼儿家庭教育指导中的应用研究"有一个子课题就是"团体沙盘游戏在教师专业成长方面的实践"。于是，沙盘游戏成为工作室成员的活动载体。很神奇，第一次实施沙盘游戏，12位陌生的老师就敞开了心扉，彼此建立了信任。那一瞬间就像雨露一般，给了我灵感和信心。

回想起老园长曾经问我的问题：你觉得你在专业成长过程中最重要的因素是什么？那时直觉中就出现了两个词：自由、信任。是的，它们的关系是：信任前提下的自由，自由又增加了信任。

我仔细体味着自己的成长经验，同时阅读相关的书籍，也不记得是哪一个夜晚，脑海里"陶养计划"四个字逐渐清晰了。我知道它存在的理论依据是自然主义教育观和积极心理学理论。不断地行动、思考、反馈，让我对陶养计划有了更多的信心和底气。这就是它的由来。

　　那么"陶养计划"会做些什么呢？

　　教育贵在熏陶，风尚重在浸染，陶养计划与此如出一辙。作为工作室主持人的身教和工作室成员散发出的积极正能量互相熏陶，在充满灵性和创意的、与自然与孩子连接的各种活动中互相滋养。我们希望在疲惫无助迷茫时，能记得有这样一群人在坚守、承载和接纳。

　　每一个孩子都是种子，每一位教师也是种子，陶养计划就是要为老师们提供澄明的阳光、干净的空气和清澈的泉水。

　　有一句话大家很熟悉，教育就是一个灵魂唤醒另一个灵魂。而这个唤醒一定是在充分信任、充分安全、充分理解的前提之下才可以发生。我们的教育对象——孩子们是空灵的，他们做事凭借的更多的是直觉，这是很宝贵的能力。随着他们慢慢长大，这些灵敏的感觉，能与外界毫无功利心地发生的连接越来越少。所以，是我们用灵魂去唤醒孩子们的灵魂吗？恰恰相反，是孩子们的灵魂在滋养我们，但就是这样的唤醒，我们可以实现它吗？为什么我们不能实现？为什么有的人可以实现？怎样完成这样的连接，让这样的教育关系自然发生呢？我想这就是"陶养计划"要做的事情。

　　那么"陶养计划"是什么样子的呢？我想有几个词可以概括，它是朴素、灵动、自然、生长的。这正是我的教育主张。

　　刚过了秋分，这是丰收的时节，愿我们每个人在自己的人生四季里都有收获。能获得来自孩子们的馈赠，能有空间和时间与孩子们发生美好的连接，充满自由和信任。

"趣悦读"三部曲，助力幼儿教师专业阅读

阅读作为幼儿教师重要的专业成长路径，有着非同寻常的作用。但是幼儿园烦琐的工作填满了教师的生活空间，消耗了教师的心理能量。在访谈中，我发现大部分幼儿教师对阅读，尤其是专业书籍阅读兴趣不高。目前，很多园所采用阅读打卡的方式督促教师阅读，大部分教师表现出为"阅读"而阅读，阅读效果大打折扣。可见，如何提高教师对阅读的兴趣，让教师充分感受到阅读带来的愉悦，从而助力教师专业成长，需要创新阅读方式，从阅读的本质出发，做出适应当下教师需要的新突破。

作为一名省级名师工作室主持人，在连续多年的工作室建设中，从教师作为阅读主体的立场出发，逐步形成了更关注幼儿教师职业特征、符合幼儿教师心理特点和工作实际的阅读模式——"趣悦读"计划。以"有趣、愉悦、诵读"三个关键词作为每阶段的核心，引领教师以一种自然、朴素、灵动的状态完成以阅读为路径的个人生长。

◎ 挑战与共生

一、"趣"——有趣的细节设计，点燃教师专业阅读的热情

（一）有趣的"兴趣书单"，开启阅读新期待

每学期，工作室会由全体成员共同确定一份"兴趣书单"。包括主持人根据工作需要推荐的1本共读书目，以及成员根据个人需求要读的N本图书。其中共读书目数量为1，是保证阅读的质量，以读透读懂一本书为目标。以本学期为例，工作室的共读书目依据正在进行的课题研究选取的是《幸福的科学》。成员要读的N本图书，其数量及内容由成员自主决定，量力而行，不做硬性要求。"兴趣书单"能兼顾团队发展需要，同时满足成员的内在需求，为开展阅读奠定了良好的基础。

（二）有趣的初次相识，形成更具活力的阅读共同体

"现在请大家猜一下，这十摞书中，哪一摞是你自己的？"这是三年前工作室成员第一次线下集中见面为大家分书的情景。当工作室为成员购买了个人自主选择的书后，我并没有按照平常的分发方式分书，而是带领成员观察猜测，把分书也作为一个有趣的环节。当老师们饶有趣味地猜到自己的书后，兴趣一下子就被调动起来，彼此还略显生疏的成员们明显放松了很多。

此时我请大家根据当下心境，从自己的书中选择最想读的第一本，然后找到最打动自己的一段文字，作为自我介绍的开场白。此时，老师们专注地翻动着自己心仪的书，之后的自我介绍也因书中的文字而变得更加生动。大家也因为一本书对一个人形成了更立体更丰满的印象。自我介绍不再是尴尬的寒暄，老师们都被彼此书中的文字和分享时的真诚所感动。老师们不无感慨地说："原来，自我介绍也可以用阅读的方式，太有趣了。"这样的设计打开了教师的思路，让教师充分体会到创造力无处不在。

（三）有趣的阅读形式，唤起教师交流问题的热情

在阅读过程中随时进行标注是一种很有效的阅读方法。如何更好实现这些标注的价值，让"标注"启发"标注"，又不影响书的整体美观，我设计了一个比较童趣的方法，即工作室成员每人选择一种专属于自己的颜色的彩铅，在阅读过程中可用彩铅勾画或者记录、批注等。以1个月为期限，大家交换彼此阅读的第一本书，通过上一位读者的彩铅记录，完成以书为媒介的另一空间的对话。依此类推，每一本书会被更多成员阅读，每一本书上也会呈现出所有阅读过这本书的老师的当下思考，实现了教师多空间的专业交流，并推动教师在同伴的思考之下进行更具深度的不同视角的思考。

这个设计实现了一种对阅读的期待，成员们相视一笑："那我一定在下次交换书的时候完成阅读，做好标记。"我笑着说："大家根据自己的情况，读多少，不做硬性要求，但是彩铅记录的必须是真实的感受。"成员们纷纷点头，表示"这样阅读，太好玩了"。

当阅读不仅仅是阅读，与之相关的每一个活动都变得有趣时，成员们充满了惊喜，大家期待由阅读带来的愉快的情绪和体验，并纷纷受到启发，在自己的园所与老师们和孩子们一起开展以"乐趣"为核心的阅读活动。同时这些关于阅读活动的有趣的设计，也让参与的老师由阅读拓展到教育生活的其他方面，从而实现了更多角度的新思考和新行动。

二、"悦"——愉悦的同行者阅读，助力教师形成专业阅读自觉

阅读本身是一件能带来喜悦感受的事情，但专业阅读因其理论性强，给大部分幼儿教师的感受是枯燥难懂，读不进去。因此可以借助同行者阅读的力量，即阅读共同体的团队力量，一起打开阅读的大门，助力幼儿园教师形成专业阅读的自觉。怎样进行有效的同行者阅读，我们采用了"关键词引领"和"循环交换阅读"的方式，让教师从没有能量

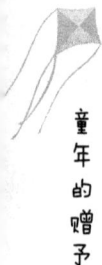

打开一本专业书籍到主动寻找专业书籍，变得更加从容和自然。

（一）关键词引领，开启阅读与实践深度联结的悦享之旅

涉及幼儿教育专业的书籍，虽然书目不同，但是会有很多相同的专业用语，比如"游戏""课程""教师成长""教研""环境创设""师幼互动""教育评价"等。在开启新的阅读时，主持人会在近期工作室成员的专业现状基础上，选择大家共同感兴趣或者感到困惑的词，作为近期阅读的关键词。在阅读过程中教师便会有意识地关注相关内容，从而实现高效阅读。

在每月固定的线上阅读分享时间，大家会就自己读到的关于关键词的思考进行分享，达成兼听则明的效果，同时也自然地促使成员更主动地联系自己的工作实际，从而对这一关键词有更为深刻的理解和认识。不断地交流与探讨，帮助成员对自己所读的书目有了更为客观全面的认识，同时因为关键词的引领，实现了书籍与书籍、成员与成员的深度交流。更重要的是帮助教师感受到书籍与实践之间的深度联结，充分体会到专业书籍对工作实际的指导意义，并体会到将书籍中的理论转化为实践的喜悦。

（二）循环交换阅读，实现成员之间跨越时间和空间的心灵交流

工作室成员会根据大家的阅读情况在一定的时间之后进行交换阅读，如此反复，直到所有的书籍都被交换阅读过。书籍一旦交换，之后的阅读仿佛成为一种呼唤。交换阅读后，我看到书中有陈园长的橙色彩铅记录时，会对这一段文字有更多的注意力，并会有更多在旁边进行记录的意愿。尤其是发现有很多观点一致，而且关注的内容也有很多共同之处的时候，阅读就好像变成了一件特别有期待的事情。仿佛在阅读这本书的时候，有了更多的同行者。

有成员在群内这样说："感觉好像更愿意读书了，因为有人在书中等你。""共享的快乐，在书中不仅可以表达自己的看法，还能读到他人

的智慧，是一种有趣的阅读体验。""不为记而记，最真实的文字才对得起遇到这本书"……交换到《许多孩子许多月亮》的张玉杰园长这样回复："刚刚开始读就被深深吸引，遇见孩子遇见美，已推荐给我们美术教研组。"可见，交换阅读让一本书遇到了更多用心阅读的读者，也让更多教师和孩子受益。

随着交换的深入，每一本书中的记录都更加丰富，阅读质量显著提高。每个人心中都充满喜悦，因为有"同行者"而逐渐有了更多馥郁书香的弥漫。这样的共同阅读就是"同行者"阅读，成员对阅读的期待更加充沛，因阅读带来的喜悦更加促生了阅读者的书写，从而为"趣悦读"计划的第三部"读"积累了更多积极正向的能量。

三、"读"——诵读自己的专业写作，唤起教师研究儿童的兴趣

人们常说"熟读唐诗三百首，不会作诗也会吟"。随着阅读活动的深入，老师们已经被"趣悦读"计划深深吸引，大家的思考因阅读而得到碰撞，也在彼此阅读其他成员的记录时有了更加多维的辨析，于是输出成为一件自然而然的事情。记录自己的书以及自己教育生活中的故事，并读出它们，成为一种新的教育探索。

（一）诵读"自己的书"，让专业思考更深刻

当自己的书经过一段时间的交换，最终回到自己身边时，书中已然带着更多人的智慧和思考，更有大量的教育案例。此时再读这本书，对这本书的理解就拥有了更为充沛的情感。每位教师根据自己的感受记录下阅读这本书时的故事，更像是以这本书为视角，与每一位阅读者进行对话、与这本书本身进行对话。此时的交流是以读出"自己的书"的故事为核心。这里的"自己"已经成为更加客观、更加丰富的自己。以自己的声音推荐书，会赋予这本书不同的生命，让更多的人聆听到阅读带来的心流体验，从而实现更大范围的推荐，每个人的专业思考也会实现

更大范围的分享，继而这本书会得到更多真实的"看见"。尤其对于书中比较有价值的案例记录，会开展更广泛的交流，从而帮助教师从更专业的角度研究儿童，反思自己的教育理念和教学行为。

（二）诵读"自己的故事"，在写作中研究儿童

拥有了更多美好阅读体验的老师们记录下发生在自己身边的故事已然成为一种需要，这里的"自己"成为一种真正意义上的主观内化。此时再记录教育生活故事时，就会是另外一个维度的再现，教育观、人生观、儿童观、世界观都已经发生了变化，每位成员都因为阅读而实现了自己的生长。此时，读出自己的故事，更有意义。

如果说读出"自己的书"的故事还是向外的话，读出"自己"书写的故事就成为一种落地和回归，实现了阅读的真正意义。朱永新教授在《给教师的阅读写作建议》中提到"一个人的专业写作史，就是他的教育史"，可见专业写作对于一名教师专业成长的重要意义。幼儿教师的专业写作里儿童永远是主角，扎实的专业写作，一定会附赠对儿童更深刻更全面的研究。在课题研究过程中，我会与工作室成员收集和孩子生活的故事，拟以电台形式，成熟一篇，读出一篇，以"读出爱的声音"为核心，让每一篇文字都成为"趣悦读"计划的生动注脚。

总之，"趣悦读"计划三部曲，是可以不断创生的，每一部都会根据核心内容生成不同的形式和内容，它充满了创意和创新。同时"趣悦读"计划三部曲更是包容和真诚的，每次阅读从来不会有硬性要求，而是根据每位成员的具体情况，发生真实的阅读。即便一页都没读也没有关系，在"趣悦读"计划里，每一位成员都被允许，被信任，被等待。

随着"趣悦读"计划的开展，工作室成员之间的关系越来越温馨柔软，充满惊喜和创意，工作室巨大的核心吸引力逐渐形成，也真正让老师们感受到阅读的乐趣和喜悦，让老师们有能力、有意愿、有能量去享受专业阅读的美好体验，真正让专业阅读成为实现教育美好生活的最生动路径。

做有情怀的老师

时间过得很快，又到了岁尾，白驹过隙也无法形容这一年时间的流逝。随着年龄的增长，这种对时间的感触越来越明显，仿佛时间真的是溜走的。回首这一年，内心是充盈的，对照着工作室建立初期的规划，我们在一步一个脚印地踏实行进着。现将一年度工作总结如下：

一、结合关键事件，打破个人成长瓶颈

这一年对我而言有很多重要的关键事件，第一个就是荣幸地入选第四期齐鲁名师建设工程。在准备材料以及答辩的过程中，我对自己的专业能力做了比较客观的分析，课题研究方面是我的短板，所以这是一次很好的学习机会。得知齐鲁名师培养过程中，课题研究是主要的途径，我既紧张又兴奋。对于参与过课题研究但没有真正独立进行过课题研究的我来说，怎样用适合的表达方式呈现自己的研究思路，如何确定有价值的研究课题等，每一个细节都是我陌生且不想去触碰的。经过8月份的石岛集中培训，看到那么多的名师行动力超强，看到同行们都对工作充满热情，这样的学习氛围极大地增强了我的信心，我开始认真地反思自己，到底对什么感兴趣。通过反复思考，最终我决定还是从近年来自

己感触最深的沙盘游戏入手，因为内心里总觉得将沙盘游戏应用于家庭教育指导有它的价值。

在随后的课题申请书填报过程中，我深刻地领会到课题研究的逻辑性，就像我见过一样东西，然后没有去看说明书，就按照自己的理解去使用，结果有很多地方是混乱的。这次填报申请书也是如此。虽然我与工作室成员一起就课题的题目确定进行了前期的资料搜集和研讨，但是当落到文字上时就出现了严重的失误。最明显的就是子课题设计，以前知道是把大课题分解成小课题，但是这次却把研究所预期的目标当成了子课题，使得导师在审核的过程中，无法了解我们的研究思路。同时因为大家对沙盘游戏主要用于治疗和干预问题儿童的固有印象，使得导师们认为我们的课题很难，且推广价值不大。但是在后来的申辩中，导师们又明白了我们的意图，认为它是具有价值的。由此可见，正确的研究需要正确的合乎规范的书面表达。就这一点而言，对我的意义是重大的。

第二个关键事件是建立沙盘游戏室。园领导很重视沙盘游戏室的建立，资金支持、理念支持都非常到位。只是考虑到场地面积偏小，而又希望它可以实用大气，这之间存在矛盾，所以我迟迟没敢动手。经历了整整一个暑假的思考，再加上开学后2个月的实地琢磨，终于开始了沙盘游戏室的建立。在完成几乎密不透风的本职工作的前提下，这些工作都是我加班加点完成的，可以说是付出了我的能力范围内的最大值的努力。接下来沙盘游戏室主要面对团队建设以及指导家庭教育，这些工作又是需要在摸索中进行，所以需要自己为此做出新的心理调适，相信这个关键事件带给我们整个工作室成员的是更加精彩的成长。

第三个关键事件是接受了市教育局师训办的新任务——支持利津跨越发展，与利津县北宋镇中心幼儿园结对，成立"王静流动名师工作室"。在进行了当面对接和确定帮扶方案之后，我们进行了有条不紊的工作，包括创新性地运用网络技术，在微信群里为大家推送有价值的阅读书目、推送优质课设计的文章，以及开展视频教研活动，这些都解决了路程远带来的不便。同时积极对接幼儿园，落实北宋镇中心幼儿园希望跟岗学习的想法，在自己力所能及的范围内，有效地完成工作室承担的任务，同时加强与结对园的互相学习，使彼此都能够有较大程度的专业领域方面的提高。

第四个关键事件是承担了"送培训　基层行"的培训活动。11月8日上午完成了"送培训　基层行"河口专场的培训活动，在这次培训活动当中，我以"凡心素简"四个字为题，结合个人成长历程进行了详细的解释：以平凡致敬初心，怀童心看见孩子，持朴素迎接成长，用简致点亮生活。这四个方面代表了我的教育观、人生观和儿童观，也从侧面反映了我的成长历程。这次活动于我而言是一次非常大的历练，从准备培训内容到制作PPT，再到现场的培训讲座，一系列的活动都充分调动了我的已有经验，使我再次感受到作为一位名师所应该拥有的能力，以及所需承担的责任。在准备过程中，我发现如果认真全面地完成一件事情，或者说演绎一个教育故事，会从"思、行、理、记、知"这五个方面完成，它们很像一个闭环，更像一个小的成长单元，由此，我或许可以在这个方面多一些实践和总结。上一次的专场活动是11月3日在垦利区开展的。两次培训都得到了老师和同行们的热烈欢迎，从现场和后期的反馈来看，大家对我的这次培训还是比较满意的，我也希望能够继续梳理自己的经验帮助更多的人，让自己实现更为全面的成长。

总之，关键事件是推动一个人成长的最重要的节点，在这些事件发生的过程中，如何始终保持一种积极乐观的状态，决定了自己的视野和格局，同时也在潜移默化地充实着一个人的教育情怀。正是在这些重要的工作里，我慢慢梳理自己的认识，并逐渐向内看见自己，同时也开始慢慢认识并发现我与真正意义上的名师的距离。

二、反思细微工作，重新认识名师的含义

这是工作室成立的第4年，作为主持人，我越来越意识到自己的责

挑战与共生

任之重，能力之不足，以及由此带来的成长之不易。在一个瞬间，这样一句话显现在眼前：做一位有情怀的名师。

谈到名师真是感觉意义重大，名在哪里，名又为何？我想需要有自己特别擅长的专业领域，有自己的闪光点，有自己可以复制的教育行动，最重要的一点是有正确的方向。而这个方向来自教师对儿童观的认识、对教育规律的认识、对教育事业的认识，或者说也必须是一位有情怀的老师。为什么如此说呢，因为面对繁杂琐碎的幼儿教育工作，那种年复一年日复一日的"周而复始"，只靠自己的专业认识是无法投入地完成的。没有情怀的人，做不了教育事业，因为它是一种极为讲究奉献的职业。

怎样做到有情怀呢？

首先是格局。格局的大小决定了一个人的厚度。在工作室开展工作过程中，我接到了一个任务，为支持利津跨越发展，与利津县北宋镇中心幼儿园结对，成立"王静流动名师工作室"。这是一项意义重大的工作。通过和北宋镇中心幼儿园的对接，我了解到他们对户外游戏的开展有着自己的困惑。如户外游戏区域如何划分、针对各个区域幼儿的游戏行为如何进行分区的观察和分析等。因为考虑到本职工作以及时间安排，我决定和他们通过微信群视频，进行在线沟通交流。在整个准备的过程中，工作室的老师提出了自己的意见："王老师，利津的户外游戏比我们搞得好多了。"我忽然意识到，有些老师对户外自主游戏的认识有些偏颇了，户外自主游戏并不是专指户外体育游戏，那些安静地发生的游戏质量并不比热热闹闹的游戏差，很多时候我们都带着成人的眼光去看待儿童的游戏，而恰恰忘记了作为游戏的主人他们自己的游戏是自己做主，是不分成人眼中的等级的。因为马上就要进行视频教研，我只是言简意赅地和这位老师进行了沟通，在我看来，她一定是遇到了一些问题。我笑着对她说："就算我们的户外游戏做得不如别人好，但是我们对游戏的观察还是有自己的见解的，结对帮扶更多的时候是一种沟通交流和相互学习。"在接下来的视频教研中，老师们也充分体会到了这种不同地域之间学习的共同性和差异性，在很大程度上提升了自己的认识，从而开阔了视野和打开了格局。

简单的小事例折射出很多信息，如何判断这些信息，如何处理这些信息和应对这些信息，很大层面上是由教师的格局决定的，假如没有一种开放的自信的状态，我们可能无法真正认识到自己的局限性和自己的优势，并从更高的层面去认识教育的普遍现象，从而向专业的方向成长。除此之外，一个人的视野，一个人的格调，一个人的生活状态都决定了他的高度和情怀，这些事是需要我们一边成长一边体会的。

今天以"做有情怀的老师"为题，是受新一期《人民教育》杂志影响，我在考虑，很多时候自己已经很累，为什么还可以坚持，我想这大约与自己的初心有关。恰逢新中国成立70周年，在这样一个举国同庆的时刻，我分明感受到作为一名中国人的自豪，也深深地为自己的祖国骄傲，同时在思考，在这样一个"撸起袖子加油干"的时代，在这样一个拥有令人激动的中国梦的时代，我可以做些什么。反观自己的平凡和普通，再看自己的工作和实践，我更加认识到能够做一名有情怀的老师的重要性，它像是一种使命，更像是一种呼唤，让我可以守着自己的初心，在自己的岗位上努力地奉献着、奋斗着。从这一点来说，这些思考是我这一年最大的收获。

◎寻找与发现

　　2016 年，我应邀为广西师范大学出版社魔法象系列绘本撰写导读。我很感激编辑老师的信任，也有了与世界插画大师和绘本大师的"交流"。因为这样的一个机缘，我开始关注绘本背后的故事，像一个"冒险者"，一步一步去寻找和发现绘本的精妙之处，并以自己的专业角度完成一份导引。无疑，我是那个收获最大的人，因为我需要更广的角度，更深的思考，实现与绘本的初相识，从而感受到每一本绘本立体全面、鲜活、有质感的样子，这是一份宝贵的经历，因为寻找与发现本身就其乐无穷……

"抢先"背后的故事
——解读绘本《我先！我先！》

刚读到《我先！我先！》时很是惊喜，莫名的亲切感扑面而来，因为这本图画书的画风我简直太熟悉了。用来表现夸张动作的单线条、简单有序排列的图画、地上长出的一棵棵小草和野花……一切都带着孩子的味道，而这正是孩子们最善于表达也最容易辨识的绘画风格。

《我先！我先！》的画面简洁、稚拙，粗粗的线条显示出一种格外的张力，重复出现的被放大了的文字"我先！我先！"，仿佛在"任性"地宣扬着一种主张：我就是这样一只小鸭子！于是，画面立刻透出一种"火急火燎"的气氛，一下子就把读者带到故事里。画面里的小鸭子活灵活现的，读者仿佛能听见它"嘎嘎嘎"的叫声。

这只小鸭子是有多着急呢？妈妈说要出去散步，别的孩子还在仰望着妈妈的时候，它的心早就飞出去了；妈妈问谁要钓鱼，它竟然把妈妈撞倒在地，可以想象，它抢渔竿的时候有多毛躁。可是它哪里是在钓鱼？别的孩子都乖巧地站成一排钓鱼，它却在钓鸭子……

问题是它为什么非要抢先呢？

或许在小鸭子的眼里最先得到的应该是最好的，所以它在抢到唯一的鸭子游泳圈的时候表现得一脸得意。但是它发现了，一个人玩即便玩具再好也没有多少乐趣，于是它开始恶作剧，在池塘里噗噗噗地放了一

长串鸭屁。如果这时候不是有人喊它吃饭，估计它会继续捣乱，而且花样别出。但正是这些捣乱的行为，才恰恰表达出小鸭子内心渴望与大家一起玩。可惜，这些都抵不过它想象里的马上开饭，所以它又伸长脖子开始了争抢的"战斗"，虽然这次"战斗"里只有它一只鸭子参加。

当然，最后它非常尴尬甚至是灰溜溜地逃走了。想象一下，它经过的地方到处都飘着自己因为争抢而丢落的羽毛，就像这本书的封底所画的。或许小鸭子开始认识到：并不是只有最先抢到才是最快乐的。

值得一提的是，克里斯·迪·贾科莫很巧妙地呈现了这个道理。我们可以看到，其他鸭子仿佛是踱着方步悠然自得地玩耍。跟着妈妈散步时，它们仔细认真，甚至能看见那根长长的草茎上从大到小爬着的三只瓢虫，说不定还会去打个招呼；小鸭子跑去抢食的时候，它们并没有去争抢那个被小鸭子丢掉的唯一的游泳圈，而是仰泳时吐个水花，或者两人一起玩玩水球。它们的快乐一点儿也不少，而且还带着一种格外惬意的心情。

如果再仔细去看，其实那几只乖巧的鸭子的心里也有点儿羡慕或者是好奇小鸭子的行为，所以它们会学着小鸭子的样子，在没有等到鱼的情况下也来钓一只鸭子。说到这儿，我们会发现这只老爱抢先的小鸭子还是很会玩的，可惜它并不知道真正带来快乐的玩是需要等待、付出和分享的。

也许这就是它正在经历的成长小烦恼，在这些"争抢"的背后，恰恰是它最希望证明的事情。在它看来能最先得到最好的东西应该是很了不起，甚至是值得骄傲的，所以它想用这种抢先来证明自己是强大的。更准确地说，这种抢先表现出小鸭子太希望得到来自周围的关注和肯定了。可惜它还不能认识到规则的重要性，所以自顾自地抢啊抢，一直到"碰壁"后，才开始思考，才开始真正成长。

通过这样一本简单稚气的图画书，克里斯幽默地把"小鸭子"的烦恼讲述出来，让人读完捧腹大笑。第一次读完这本书，我首先想到一个叫明明的小男孩。初见他时，他处处喜欢抢先：玩具要先拿；水果要挑最大的……于是他大部分时间有些孤单，不过这并不影响他继续"变本加厉"地"抢先"和搞小破坏。就像书中的小鸭子一样，这种行为确实让其他"小鸭子们"讨厌，也让"鸭妈妈"头疼。

所以在与孩子们共读这本图画书时，我特意邀请了明明。随着故事的推进，到"要吃饭了"时，孩子们竟然不约而同地猜想："不会是要吃鸭子吧？"当然，他们猜中了！孩子们哈哈大笑。或许在他们眼里，这只小鸭子也确实应该受到一些"小教训"。你瞧，孩子们是心知肚明的，那只小鸭子也心知肚明，自己一而再、再而三地"抢先"，总会遇到点什么尴尬的事情。

小鸭子的故事或许给明明带来一些不同的感受，因为在孩子们的笑声中，他反而略显平静。我忽然意识到这半年我对他说得最多的话就是：我看到你长大了，因为我发现你心里想着别人。明明也确实进步飞快，由原来的"油盐不进"，慢慢开始有了认同意识与协商意识。我忽然想到，或许爱"抢先"的孩子最需要的不是惩戒而是被看见，被关注。

是的，成长是跌跌撞撞的，孩子们表现出的与他们真实的样子总会有这样那样的出入。抢争第一也罢，慢步前行也罢，每一个孩子成长的背后都有着极为旺盛的生命力，他们期望的是被接纳、被认同。所以我特别相信，图画书中的那只小鸭子并不会被它的妈妈和兄弟姐妹们所厌恶，而是它的家人伸开了翅膀，"嘎嘎嘎"地拥抱它，并温柔地告诉它：你瞧，总是抢先并没有你想象的那么好。来吧，我们一起回家！

金灿灿的阅读之旅

——解读绘本《梦去哪里了》

　　第一次见到《梦去哪里了》这本绘本的时候，正值天气突变，窗外北风呼啸着把冬天送来，绿色的竹影摇晃在灰色天空的背景里，让人禁不住缩着打一个寒战。我低头望着封面，那么温暖的、金灿灿的图案衬托在静谧的、丝绒一般的蓝色上，那种明亮的对比一下就让我紧张的身体和心灵打开了，封面上有着圆圆眼睛的小男孩、圆圆眼睛的太阳和小鸟们、圆圆光晕的星星们都带着笑意，让我仿佛抱着一个巨大的柔软的毛绒玩具，不容抗拒又不着痕迹地跟随他们，一起去开启这本书的奇幻之旅。

　　这是多么有趣的想法啊，只有孩子才会有这样的问题：我的梦去了哪里？那真的是一场"远游"：大海、天空、太空、深海、南极、沙漠……每一处都没有找见自己的梦。小男孩一路上遇到了许许多多可爱的小动物，或许是它们告诉他，梦应该在童话世界里。当然小男孩的梦像礼物一样珍贵，所以它们也极有可能在美梦商店，给找到它们的孩子带去欢乐。当然小男孩还要去试试那些梦是不是在地底下，如果能用挖土机找到它们，那么小男孩一定会像找到骨头的小狗一样惊喜，因为梦是小男孩的宝藏。他那么开心地寻找着梦，连房子也被他变成金灿灿的、与众不同的所有能想象到的交通工具，而它也一定会带小男孩到更多地方。瞧，他的房子已经飞了起来⋯⋯

我不禁喜欢地读了一遍又一遍，每翻一页，都会不自觉地像画面上的小男孩一样抿起嘴巴微笑，想象着他在每一次"旅行"中的奇遇，这种感觉真好。我迫不及待地要让我的小宝也看到这本书，我想知道他看过后会想到什么。

小宝不到三岁，他倚靠在我的怀里，对那些金灿灿的"车"充满了兴趣，尤其是他不认识却又觉得熟悉的极地履带车。于是，我开始和他讲极地的故事，讲企鹅的故事，他饶有兴趣地听着，我知道这打开了他的一个梦，一个关于极地的梦。他又问我那辆南瓜车的事情，于是《灰姑娘》的故事就这么自然而然地开始了。作为一个小男孩，这种类型的童话故事以前他是不太感兴趣的，但是就是从这本绘本开始，我想他会读到更多的经典童话。我忽然意识到这本书虽然看起来简单，但是每一页都是一个新的开始，它丰富着孩子的世界，让他们微笑地迎接属于自己的梦。

这样的感受让我格外期待，如果把这本绘本读给幼儿园的孩子们，他们又会有怎样的发现呢？不出所料，所有的孩子都首先被金灿灿的图案吸引，他们不约而同地屏住呼吸，等待着小男孩可以找到自己的"梦"。他们看到在天空寻找梦的那一页画面时，激动地说："我也坐过飞机，真的能看到云彩。"在读到太空那一页的时候，他们全都安静了："这是哪儿？"我看到一双双眼睛，孩子们分明那么期盼地想要了解关于太空的故事。后来四岁的男孩豪豪说了一句特别精彩的话："科学家才能去那儿呢！"我很开心地摸着他的小脸说："你说得非常对。"我知道一颗关于科学家的梦的种子埋下了。

和孩子们在一起读绘本真的是惊喜不断，他们想象长颈鹿会说些什么，蝴蝶会说些什么，然后用特别大的声音说："我用挖土机挖出草莓。"当然，接着会有小一点的声音回答："不对吧，胡萝卜才在地底下呢。"瞧，新的学习又开始了。最后，我笑着告诉孩子们："小男孩醒来后关于寻找梦的那些奇思妙想，就是他'白天的梦'，它们越多，小男

孩就越快乐，那么你们的梦是什么呢？"就在我一回头等待答案的瞬间，我惊奇地发现，每一个孩子的眼睛竟然都和绘本中的小男孩一样，圆圆的，那么可爱，充满了童真，让人看着心生爱怜。如此的阅读真是美好极了。

这本书读得次数越多越会发现，它真的很像一本百科全书，也像一串钥匙，总有一把能让小读者拿得起，然后打开属于他自己的世界。只不过它又需要陪伴小读者的大人们，以一种抱持的力量，就像画面上温情舒适、充满质感的色彩一样，暖洋洋地陪伴着他们，等待孩子们自己去发现。

对比绘本的第一页和最后一页，那个平常无奇的小房子，最终飘起来变得熠熠生辉，那是一个有梦想的小孩儿所独有的魅力吧，也是作者想悄悄传递给我们大人的吧——只要有梦想，再普通的人或者事都会散发出属于自己的同时予人温暖的光芒。

我情不自禁地打开作者莉娜·布拉普的简介，看着她的照片，心生崇敬，能用如此纯粹的状态创作出这么多优秀的作品，于生命而言是多么庄重和自豪的事情。有了这样的感受再去读这本书给孩子们听的时候，文字虽然还是那些文字，但是文字背后承载的希望和温暖却悄无声息地让阅读变得更加有广度和深度，而阅读本身也散发出那种金灿灿的光。是的，金灿灿的光！

渴望长大的孩子

——解读绘本《彼得的口哨》

打开绘本的刹那，一种感觉扑面而来：彼得的世界是明亮的，隐隐闪着光的路面、鲜艳的砖墙、像蓝色宝石一样的天空……色彩饱和的画面让每一个"遇见"彼得的人，不管是大人还是孩子，都能感受到他满满的向上的生命力，然后忍不住感叹，每一个孩子眼睛里的一切真的都是泛着光的，尤其是格外盼望长大的时刻。

与《下雪天》里的彼得相比，想吹口哨的彼得长大了。他斜倚着信号灯的样子，像树干要努力生长出一片新的叶子。在彼得看来，能用吹口哨的方法把自己心爱的小狗呼唤过来，这真是一项神奇的本领，也是一个男孩子长大的标志。于是，他开始努力地练习。他一定以为撅起嘴巴吹出一声响亮的口哨并没有那么难，当然一开始他没有成功，这对有那么大信心的彼得来说应该算是个小小的挫折。

所以，他开始原地转圈。

曾经是小孩子的我们都记得，一个小孩子有多么喜欢原地转圈，仿佛自己能够把整个世界晃动起来。虽然我们都知道这只是一个游戏，但是我们乐此不疲，有时候会比赛谁转得时间更长，以证明自己的强大。正在转圈的彼得一定忘记了自己不能够吹响口哨的失望，或许在这个"天旋地转"的时刻，彼得又重新找到了力量。我们仿佛能听到此时的

彼得对自己说："吹不响口哨不算什么，瞧，我可以把红绿灯从灯柱上转下来，还可以让墙和路面一会儿上一会儿下，或许我转着转着就能吹响口哨。"

还没有站稳的彼得看到远处走来的小狗威利，他迫切地想试试自己的新本领，可惜他还是失败了。威利走了，留下又多了一点失望的彼得。但是我们知道，彼得会这样对自己说："我总会吹响口哨的！"

他一定会这样对自己说的，因为他开始继续努力。他有一个超级喜爱的游戏——画长长的线，这是彼得的拿手本领，也是他自己给予自己力量的好办法。在《下雪天》里，彼得用树枝画出线，像是写下了一首冬天的诗，现在他掏出的是彩色的粉笔，画出的是一段有趣的故事。

他真的画出了一段故事。

彩色的线沿着回家的路弯弯曲曲，还会调皮地绕个圈，这个圈是那样吸引人，跳绳的小姑娘跳进来，她们一定会更加欢快地笑，因为在一个彩色的小小的圈里双人跳绳，实在是太有趣了。彼得一定很满意，于是他经过路灯的时候又绕了一个圈。路灯也开心得歪了身子，这样的事情让冷清的屋子里的小黑猫都翘首观望。通过专注地望着彼得的小黑猫，我们能够想象得出乐悠悠画线的彼得一定一边画线一边努力地练习吹口哨，那时的彼得对自己一定更满意了。

可是画了那么长那么长线的、信心满满的彼得站在家门口还是没有吹响口哨，彼得知道他需要寻求其他的力量了。他觉得也许变成爸爸的样子就能吹响吧，因为在他的眼里，爸爸是那样的强大。于是，他戴上了爸爸的帽子，模仿着爸爸的样子……这样的彼得应该滑稽极了。

就是在这里，我忽然格外感动，因为捂着嘴笑的妈妈给予彼得的是真正的尊重、支持和爱。

孩子们是多么想快点长成爸爸妈妈的样子，于是他们会穿上大人的鞋子、衣服，甚至学着爸爸妈妈的样子。每到这个时候，我身边很多父母都会给孩子来一顿呵斥或者奚落，又有几个父母能够像彼得的妈妈一样配合孩子完成那一时刻的想象，让孩子能在自己的幻想中实现长大的愿望呢？恰恰就是这样的时刻，孩子是最需要肯定的，因为你不知道之前他自己已经努力了多少遍，他们此时最需要来自大人的力量，完成他们自己与未来的链接，而我们很多人都忽视了这一点，更没有多少人认识到这一点。

变成爸爸模样的彼得继续玩着他的游戏。当他看到自己影子的时候，忽然想起自己还是个小孩，于是他在努力地躲开。他试了很多次，影子却一直跟着他。只是小小的他还不知道，只有拥有自己的力量，并得到来自大人的力量的时候，才能真正实现自己的强大。所以这一页画面上出现了戴着帽子和影子的彼得，而他也终于如愿以偿地吹响了口哨。

彼得是幸运的，他的努力被父母接纳了，于是他获得了来自大人的力量，他真的吹响了口哨，然后兴高采烈地完成了妈妈交给的新任务，就像那片新长出的叶子终于舒展开脉络，开始迎接下一个阶段的生长一样。绘本中出现了这样的画面：温和的、充满了慈爱的爸爸妈妈，包括小狗威利都在真诚地分享着彼得的欣喜。那样的温馨时刻实在是太珍贵了。

能吹响口哨的彼得是多么的快乐，他是在一个明亮的世界里长大的。而渴望长大的他，看待一切眼前都闪着光，包括大人眼里的灰色的路、斑驳的墙……是否这也是对作为大人的我们的启示：生长是明亮的，尤其获得了力量的生长更是灿烂的。因为不管我们是否已经变成了一个大人，我们内心其实都是渴望长大的孩子。

孩子心里都装着一只小鳄鱼

——解读绘本《我很坏很坏》

这本图画书非常有趣，也很真实。

真的有这样的孩子，或者说孩子们真的都有这么一刻，会变成一只到处"张牙舞爪"显示自己威风的小鳄鱼。

是的，我用的是"只"字，而不是我们平常用的"条"，就像我们不能用平时的眼光去看此时的孩子一样：这只小鳄鱼不过是用自己的方式来获得周围的认可，或者说是对周围的控制，以便确定自己有足够的力量证明自己的存在。

你一定会说：我的孩子乖得很哦，他（她）才不会像这只小鳄鱼一样浑身长满坚硬的鳞片，对谁都不友好。那恭喜你哦，也许你就是文中那只不怒自威的狮子，你的存在给了孩子一种憧憬，那是他对将来的自己的憧憬，这种憧憬足以让他（她）安静下来，乖起来，而且是"很乖很乖，不吵不吵"。

我曾经遇到过很多这样的孩子，印象最深的是一个叫森森的小男孩。初次见面的时候，他就学恐龙怪兽等一系列自认为无比强大的形象，然后冲我"啊呜"一声，对我"横眉冷对"，甚至在我友好回应的时候，表现出极为排斥的样子。后来见得多了，我便会在他"啊呜"一声之后，也扮个鬼脸学他的样子。这个做派令他顿感新奇，于是这样你来我往之后，我们便用这样的方式熟悉了。

这可以是一种大人和小孩子交往的方式吗？

森森这样的小孩就像这本书里的小鳄鱼。他们大约在遇见大象、豺狗、狒狒、臭鼬、河狸的路上，我真的很盼望他们能找到那只"狮子"。只是谁来做那只"狮子"呢？在这个年龄段孩子的心里，那只"狮子"有多重要呢？

故事里的小鳄鱼想通过不同的动物来证明自己的强大，或者说他想验证一下自己的本领是否足够强大。可惜没有谁愿意"吃他这一套"。小鳄鱼遇到的这些小动物都很清楚自己的本领，并且当他们发现小鳄鱼如此"嚣张"和"不自量力"之后，眼神里充满了敌意。

而我们可爱的小鳄鱼也终于在遇到狮子之后才发现，自己的强大不是靠一味的宣扬来证明的。于是，小鳄鱼坐在长颈鹿的脖子上，脸上露出友好的表情。虽然其他与小鳄鱼"交战过"的小动物一致对他紧锁眉头露出敌意，狮子也是闭着眼睛仿佛事不关己，但是每位读者都能想象得出，小鳄鱼接下来一定会对所有的小动物表达一种态度："我很乖很乖，我不吵不吵。"说不定还会在心里说："我一点儿也不坏的时候更好！"

假如小鳄鱼一直没有遇到狮子，会不会继续对每一位遇到的动物说"别吵别吵，我很坏很坏会咬到你"呢？我想是的！

我们是不是那只让正经历成长的小鳄鱼愿意靠在身边的狮子？

小男孩达达和小鳄鱼如出一辙，满满的能量，无论遇到哪个哥哥姐姐弟弟妹妹，不管认不认识，都要叉着腰吼一声："嘿，我可不怕你！"搞得人家莫名其妙、不知所措，当然也有些回应："小屁孩，我更不怕你！"达达听完也不觉得什么，会继续做自己的事情，好像见了陌生人（绝大部分是小朋友）就得说上这样一句话才算完成了仪式一般。

唯独幼儿园里的小李叔叔，达达遇见他绝对就变成了小白兔。因为小李叔叔足够强壮，如果试一下的话，估计能一下子就把他举过头顶。于是，他一见小李叔叔就害怕极了，就算遇到其他陌生的孩子也绝不冲

寻找与发现

人家喊那句"嘿，我可不怕你"。

我想达达对小李叔叔是一种畏惧，一种发自内心的紧张不安，这种状态下的小孩儿哪里还敢"撒野"。

可是当调皮的达达遇到他亲爱的小夕老师时也会乖乖的，因为小夕老师让他感到被信任、被宽容和被尊重。我在我妈妈身边时也格外安静，因为妈妈身上好像有奇妙的光环，让我感到温暖和安全。我想将来长大的森森见到我一定也"很乖很乖"，因为我愿意用他的"语言"和他对话。

所以，理解这只"张牙舞爪"的小鳄鱼吧，说不定你会成为小鳄鱼一心寻找的"狮子"。对你而言，这其实是一件特别幸运也特别重要的事情。只是你也许不知道如何去面对这只"满身鳞片"的小鳄鱼，那么就先从接纳开始吧。你会发现接纳的同时，便已经开始听得懂小鳄鱼的语言了。从此，你会慢慢变成能让小鳄鱼"安静"下来的港湾，而你也会获得来自小鳄鱼的信任，获得因小鳄鱼的成长而带给自己的内心的完满。

于是，我特别希望那只趴着的狮子能睁开眼睛，接受小鳄鱼的"臣服"，我还想对他说：

"你要相信小鳄鱼哦，不然为什么他可以坐在同样是第一次见面的长颈鹿的头上？小鳄鱼一定和长颈鹿很友好地做朋友了！

你要相信小鳄鱼哦，因为小鳄鱼真心想长成你的样子！"

朋友从"嗨"开始

——解读绘本《嘿，小猫》

读完这本绘本，忽然感觉黑色的流浪小猫像是男孩阿尔奇的影子。

他们有很多相似的地方，比如寻找朋友，当然小黑猫更像是在被动地孤单地等待朋友。坐在垃圾桶上的它，一定特别期盼第一个友好的"招呼"吧，所以当举着冰激凌、优哉游哉的阿尔奇无意地说出"嗨，小猫"时，它的胡须都微笑了起来。

他们也有很多不同的地方，比如与陌生人交朋友的方式，阿尔奇是自信主动型，小黑猫则是慢热型。

故事里的阿尔奇是个特别会玩的孩子，想象力极为丰富。当看见橱窗里满嘴冰激凌的自己时，他立刻化身为"老爷爷"，又用一把粉红色的废旧雨伞当道具，有模有样地玩起了第一个游戏。看样子刚刚出场的阿尔奇确实引起了大家的注意，尤其他的老朋友彼得配合得天衣无缝。

而此时的小猫正在远处静静地看着，是个不折不扣的旁观者。

正当阿尔奇认为自己"出师告捷"的时候，小狗威利舔掉了"老爷爷的胡子"，阿尔奇略有沮丧，他需要再想一个新的主意"取悦"那些新的陌生的朋友。

这里的"取悦"不带半点贬义色彩，它更像是一种渴望，一种对成为集体一员的渴望。但是随着第二次、第三次表演的"意外失利"，阿

寻找与发现

尔奇以为自己失败了，他开始归咎于那只"讨厌"的小猫。只是小猫在后来的两次表演中玩得不亦乐乎，不动声色地在心里认定了阿尔奇这个朋友。

阿尔奇并不知道自己扮演的"大脸先生"有多么成功。画面上，越来越多的孩子被吸引过来，那个一开始因为害怕而抱着"草帽姐姐"的小孩儿走了过来；苏西爬了过来；连一直旁观的小猫也终于参与了进来。小猫的好奇心一定爆棚，它和所有围观的人一样太期待知道"大脸先生"的眼睛里怎么会伸出舌头。只不过小猫有点不知分寸，或许它还以为可以像小狗威利一样去舔阿尔奇。不管怎样，这只小猫还不懂得如何合作，所以把"大脸先生"的表演搞砸了。

其实用另一种眼光看，正是因为小黑猫的意外出现，才使得"大脸先生"的表演更具看点，孩子们的一哄而散恰恰是入戏的表现。只是太希望得到"满堂彩"的阿尔奇并不能理解。但是即便是这样，我们依然能够感受得到，小猫参与游戏的热情被阿尔奇点燃了，所以才会有第三次表演时的"不请自来"。

阿尔奇最后的这次表演就有些让人大失所望了，明显有点孤注一掷的感觉。当最后上演小狗追小猫的"闹剧"后，孩子们开始有些"嘲弄"阿尔奇，因为没有孩子愿意被"骗"。

伴随着阿尔奇、彼得、威利，还有那把破伞的失望的影子，一幅孩子在交往中出现挫折的画面清晰地展现了出来。

交往是每一个人集体归属感的心理需求，孩子也不例外，他们往往通过游戏来实现这种需要。在交往的过程中，孩子们体验到的成功、挫败、认可、孤立、胆怯、失望、信任、被需要等感受组成了他们成长的交响曲，少一点都会影响这首曲子的生命力。

所以故事的最后，妈妈对阿尔奇说："你做得很棒。"我想这里不光是指阿尔奇想了很多方法要得到朋友们的认可，以及承受了交往失败带来的压力，还因为他主动对一只陌生的孤独的小猫发出了友好的信号。我们可以再仔细感受一下那张举着伞的剪影，是不是仿佛找到了那只虽然跑得没有影却留下了开心的小猫？

和那只小猫一样，很多孩子往往以"捣乱"的形象参与到交往中，因为他们缺少交往的策略。女孩晶晶总会在大家玩积木的时候偷偷拿走一些，她说，我不好意思和他们玩，想让他们来找我要；乐乐总爱生气，因为他觉得别人玩的都没有意思；小怡会忽然就抓小朋友的脸，原因是别人挡了她的路；泽群喜欢用拳头说话，因为他觉得别的小朋友不听他的，唠唠叨叨个没完……孩子们之间的交往真的是状况百出。

但是也有很多孩子懂得谦让、分享，懂得沟通、等待，愿意倾听，不怕"吃亏"，他们往往都能得到多数小朋友的喜爱和信任。仔细观察会发现，他们有一个比较共同的特点：真诚。

就像阿尔奇一样，虽然貌似有些不经意，但他对小猫说的"嗨"绝对真诚。同样，他很真诚地表演了"老爷爷""大脸先生"，设计了世界上最高的狗散步的把戏。所以尽管"三出大戏"无疾而终，但是孩子们一定依旧期盼并相信阿尔奇会带来新的惊喜。

与阿尔奇对那只猫的心态一样，孩子们在心里也一定会说：我觉得阿尔奇有点喜欢我呢！而我们也有理由相信，阿尔奇会同小猫一样，开心并且耐心地等待孩子们"打开房门"的那一刻。

你瞧，同阿尔奇和小猫一样，我们也会在陌生人的身上找到自己的影子，当然前提是真诚地互相说一声："嗨，你好！"

寻找与发现

试着去尊重那只"小老鼠"

——解读绘本《我想养只小老鼠》

真喜欢这本绘本，"热闹"的画面里充满着"兵来将挡、水来土掩"的架势。但是貌似混乱的气氛里，却隐约能感受到有一个声音在笃定地说："等着吧，我的小老鼠总会像英雄一样归来。"

我是无来由地喜欢这本绘本，估计喜欢它的程度和小主人公莱奥尼喜欢小老鼠吱吱差不多。我兴奋地把这个故事讲给孩子们听，他们是一群三岁半左右的小小孩儿。好奇怪，他们聚精会神地看着每一幅图，迅速在图画里寻找着自己的兴趣点。看到如此"夸张""凌乱"的图画时，孩子们的眼睛里总有些不解与疑惑。我忽然发现，也许在孩子们的心里，养一只宠物老鼠和养一只宠物狗，并没有什么太大的区别吧，因为孩子们对宠物只有一个标准：我真心喜欢。

看看画面里的小主人公莱奥尼吧，她那么认真地做了一个小老鼠的发卡戴在头上，而不是像其他小女孩那样戴的是美丽的蝴蝶或者小花的发卡。她的卧室墙壁上挂满了小老鼠的涂鸦，那些涂鸦一定是出自她之手，估计每一幅涂鸦里，都有她和小老鼠宠物的故事。莱奥尼的小被子也是小老鼠的图案，连为小老鼠做的房子都是小老鼠最憧憬的奶酪的样子。当然她还很用心地为小老鼠取了一个名字。这样的喜欢，真的很让人感动。或许在莱奥尼的心里，她的宠物小老鼠早就和她生活在一起了，所以莱奥尼在得知父母并不同意的时候，依然水到渠成地把那个像奶酪一样的小箱子放在了窗台上。

小老鼠会来吗？莱奥尼期待着！不过在这个家里好像只有她自己在期待，其他的人呢？

比如莱奥尼的那些玩具，它们用自己的方式拒绝小老鼠的到来。瞧，有举着"禁止宠物入内"牌子的，有扛着反对旗帜的，连那只本来挂在墙上的闭着眼睛的小布偶，都要偷偷坐在灯罩上，用钓鱼竿把那个奶酪小箱子钓走。可想而知，它们一点也不欢迎小老鼠的到来，因为在它们的心里，宠物小老鼠会夺走莱奥尼对它们的爱。而莱奥尼的父母呢，他们拒绝小老鼠更多的是从大人的角度出发。事实也如此，假如你是莱奥尼的父母，当听到这个"意外"的想法时，估计会和他们一样，大惊失色，坚决反对。毕竟在我们的文化认知里，从来没有把老鼠归为宠物的范畴。

故事就这样奇妙地开始了，小老鼠吱吱真的来到了"奶酪"房子里，想象一下吧，莱奥尼该有多么的欢喜！同时家里的其他成员，包括各种在大人眼中没有生命的玩偶们，它们该是多么失望。莱奥尼和小老鼠吱吱很识趣地躲在床下，开心地打量着彼此，他们一定感受到了流淌在彼此之间的好奇与关爱。只不过，不是所有人都能理解他们之间的这种好奇，于是猫来了，狗来了，老虎来了，大象背着猴子和企鹅也来了……

故事的内容和情节很像我们的传统游戏"斗兽棋"，尽管这时候的故事画面充满了张力，每一个细节都值得细细欣赏，但是它并不单单是要讲述猫怕狗、狗怕老虎等。不信就看看那幅大象赖在床上的画面吧，已经使完了浑身解数的爸爸妈妈"不知道该怎么办，只好看着莱奥尼"。

多有趣的转折呢，可以跟着大黄狗一起飞奔过来的爸爸和能够用独轮车把大象推到家门口的妈妈，当然知道此刻只能请小老鼠来帮忙了，因为谁都知道大象最怕的恰恰是小小的老鼠。可是，小老鼠正是被他们赶出去的啊！也许他们开始懊悔，早知道如此大费周折，还不如一开始

寻找与发现

就同意莱奥尼的想法，请小老鼠住在家里，毕竟小老鼠应该不会那么居功自傲、反客为主，就算再怎么折腾，也闹不出那么大的动静吧。

现在的问题是，小老鼠会来吗？

小老鼠当然会来，莱奥尼的心里一定坚信那只小老鼠吱吱会回来。于是，她像一开始一样，把那个"奶酪"房子放在窗台上，等待着小老鼠的到来。虽然这时候的家已经变得面目全非、一塌糊涂，但是莱奥尼想养一只小老鼠宠物的心愿却从未改变过。就这一点，我们也足以相信，吱吱最终会"摒弃前嫌"赶来救援。

事实果真如此，经历了这样一番遭遇，混乱停止了，"麻烦"也都跑得远远的了。家里所有的人，包括玩偶们像迎接英雄一样，欢迎小老鼠吱吱正式成为莱奥尼的宠物，小老鼠吱吱更是如愿地得到了一块真正的奶酪……想想看，这时候的爸爸妈妈会怎样呢？

也许大人们终于知道，应该试着去尊重孩子那些不可思议的想法，走进他们的内心世界，去听一听、问一问，才能知道产生那些想法的真正原因。就像故事里可爱的莱奥尼，或许她只是想当一天或者几天小老鼠而已，不然最后莱奥尼的小老鼠发卡也不会落在一堆匆忙逃走的大小脚印里。

试着去感受一下吧，孩子们需要的不仅仅是一只宠物"小老鼠"，他们还需要什么呢？

谢谢让我遇见你

——致一本叫作《全部都喜欢》的书

遇见这本书的时候，我正处在非常尴尬的时期。因为刚生完宝宝，身体太虚弱，导致脸部中风，也就是面瘫，眼睛闭不上，心却关上了。看到镜子中怪异的自己，心情极为复杂，虽然一直咬着牙关逼自己坚信会好起来，但又抑制不住灰心。虽然这是一个不算什么的病，但一想到可能会有后遗症，又加上对自己正常生活的影响，实在是没有力气去勇敢面对了。对我而言，这真是一个漫长的治疗和恢复过程，但是我也相信，上天给你一些磨难的时候，也一定会赠予你一份礼物，比如遇见了这本叫作《全部都喜欢》的书。

这本书像是为此时的我量身定制的。真的如同封面上那个小姑娘一样，看到这本书的第一时间我就将它环抱起来。儿子似乎很吃惊，这个近来变得有点郁郁寡欢的妈妈，怎么忽然又变成了一个那么快乐和满足的小孩儿了呢？我抑制不住自己的喜悦，对他说："好奇怪啊，真的就想抱着这本书呢，你看你看，摸着多舒服！"

确实不夸张，我像得到了一个宝贝，开始一页一页地与这本书见面，很不自觉地带着一种虔诚，我想也许这就是一本好书的力量。打开封面，粉粉的护页呈现出来。这种粉色很像小婴儿皮肤才有的颜色，白嫩嫩的粉，纯真、温和而又细腻的粉，编辑这本书的老师一定花了很多

的心思吧！我小心地摸摸它，竟然多出来一份敬畏。

扉页上的插画很安静，穿着和服、有着长长的睫毛的女孩是金子美玲吗？她真美丽，略带一点女子才有的柔顺。是对这本诗集的臣服，还是要开启一段无与伦比的旅程？这样看来，自己忽然就变成了插画里的小女孩儿，眼前蓦然有藤蔓打开，一段心灵的桃花源之旅便开启了吧！

第一次看到金子美玲的诗句是在市教育局的办公楼走廊里。走廊很暗，很静，每个房间里都有忙忙碌碌的工作人员。我是去送文件，等在办公室门口的空，忽然就看到了那首诗：

> 我伸展双臂
> 也不能在天空飞翔，
> 会飞的小鸟却不能像我
> 在地上快快地奔跑。
>
> 我摇晃身体
> 也摇不出好听的声响，
> 会响的铃铛却不能像我
> 会唱好多好多的歌。
>
> 铃铛、小鸟，还有我，
> 我们不一样，我们都很好。

这真是忽然出现的不一样的风景，因为走廊里挂满了名人名言，大都是《论语》一类的古文和著名教育家的格言，怎么忽然跑出来一段这么可爱的文字？我满是好奇，认真地看了看落款：金子美玲。孤陋寡闻的我想当然地就认定：哦，这也是一位教育家吧，怎么没有在书上学到过？之后这首诗就常常回荡在我的耳边。

我始终记得这首诗给我的第一感觉，不是诗背后表达出的关于人各

童年的赠予

有所长的观点，而是读这首诗时那种轻松自信又纯粹的状态，我真心喜欢，一点也不说教，文字是那么可爱，那么自由的表达。后来我才知道，这是金子美玲的成名作《我和小鸟和铃铛》。我从那时起就开始想知道金子美玲是一个怎样的人呢？只是碍于各种繁忙的事务，竟渐渐将这想法束之高阁。所以当我收到这本书的时候格外激动，但是更激动的是一首一首的诗和唯美、明亮、通透、充满想象的插画带给我的惊喜。

第一遍读的时候，我没有按照页码顺序去读，而是像玩游戏一样随手一翻，翻到哪一首就读哪一首。这很像在海滩拾贝，那种喜悦是无可替代的。每翻到一首诗，我就特别高兴地读给儿子听，我还记得翻开的第一首诗：

积雪

上层的雪
很冷吧。
冰冷的月亮照着它。

下层的雪
很重吧。
上百的人压着它。

中间的雪
很孤单吧。
看不见天也看不见地。

真的是惊叹，由衷地感受到来自金于美玲的那种悲悯的情怀。怎么样的心境和怎么样的性情让她对积雪这么平常的事物有如此的心思呢？或者她应该是一个天使吧，好关照被世界忽略的角落。她也应该是一个

特别爱玩的孩子，我的眼前总有那个天真无赖、惹人怜爱的小石头的模样。

小石头

昨天摔着了
娃娃，
今天绊着了
驮马。
明天会有谁
经过呢？

乡下小路上的
小石头们
在红红的夕阳下
满不在乎。

有多少小娃娃会有这样的宝贵时刻呢？就爱捣乱，就爱调皮，就爱搞小小的恶作剧……最重要的是不用担心大人的呵斥，这些小石头把小孩子特有的纯粹的样子映照得多么生动和形象。是不是这些小石头也绊着了金子美玲，而她可以完全地体谅这样的时刻，她的心又是多么的难能可贵。

这本诗集里有太多这样纯朴、充满灵气的诗，同时也有充满哲思的作品，而且是大量的。给我印象最深，或者说一定程度上缓解了我孩童时期形成的对死亡和坟墓的恐惧，这首诗是《蚕茧和坟墓》：

蚕茧和坟墓

蚕宝宝要到

蚕茧里去，
又小又窄的
蚕茧里去。

但是，蚕宝宝
一定很高兴，
变成蝶儿
就可以飞啦。

人要到
坟墓里去，
黑暗冷清的
坟墓里去。

然而，好孩子
会长出翅膀，
变成天使
就可以飞啦。

　　毫不夸张地说，看到这个诗题的时候，我潜意识里不敢去读，尽管我现在已经是两个孩子的妈妈了，但是我好像还无法面对"坟墓"这个词，因为它会让我回想起童年时在山坡上参加葬礼的场景，我至今都能记得那种死亡的冰冷。后来我还是读完了这首诗，然后真的没有想到自己一下子就释然了，无法言说的释然。于是，我特意将这首诗读给儿子听，以弥补我对他生命教育方面的缺失。我和儿子分享了自己的经历，他读完之后也似乎别有所悟，但我知道那绝对不是恐惧，而是一种对生命的全新阐释，虽然无以言表，却直抵心灵。

　　金子美玲所有的诗都有这样的本事，所以每一首诗我都喜欢，真的

都喜欢。

还喜欢这本书的插画，简直是太绝妙了。

如果对诗的理解还不能那么通透的话，这些插画就是动态版的诗。书中插画色彩清新，空灵而梦幻。其实起初我以为只有封面的插画才那么美好，等翻开书之后才发现每一幅都是那样美好。这些插画的主角以女孩儿居多，并且很多作品都忽略了嘴巴，我理解为此时无声胜有声。我也喜欢画一点儿插画，并且也喜欢忽略嘴巴，至于为什么也说不清楚，所以我甚至萌生了一种冲动，好想认识一下这位插画作者啊，他一定懂金子美玲每一首诗里的自己，所以才那样准确却不喧宾夺主地描绘出诗的样子，然后又以相得益彰的气度，给予读者一些启迪。这真是太美好的感觉了，金子美玲也一定是欢喜的吧，毕竟有什么比隔着时空遇到懂你的人更幸福的事情呢？

还喜欢卷末的一系列文字，包括尾页上那只绿色的正在呱呱叫的小青蛙。

就像卷末手记里所写：完成了，完成了，可爱的诗集完成了。读其他书的时候全没有那么深刻地想去理解和体会每一位编者的用心，唯独这一本。好像这本书里就带着出版这本书的每一个人的心意。"代译后记"里关于作者与作品的文字，让我更清晰地或者更准确地了解了金子美玲，这对更好地了解这本诗集有着十分重要的作用。尤其最后还有关于金子美玲的年表，读着那些记录时间的数字，忽生感慨，细细碎碎的短短的属于金子美玲的岁月里，她是如何在那些看起来不够幸福不够美好的日子里活出那么灿烂的自己呢？年表里也记载了金子美玲作品集的情况，它们应该是金子美玲生命的延续。对诗的尊重，对生命的尊重，这几页年表很细心地体现了出来。

再对照自己，这小小的挫折仿佛不值一提了，无论如何，是这本书陪伴了我，并关照着我的脆弱。

实际上粗陋如我，没有能力去评述金子美玲的诗，只是单纯地被触动。也没有精美的语言去形容那些精彩的插画，只是被深深地吸引。我更没有精力去感悟出版这本书的过程，只是从每一点每一滴里触摸到了编辑们的用心。没有办法就是全部都喜欢，连书中粉色的丝带也喜欢！这是多么幸运的事情，遇到一本用心的有灵性的书——《全部都喜欢》，真的全部都喜欢！

◎ 寻找与发现

无限的想象

——读《艺术家阿德》有感

从两三岁的孩子到五六岁的孩子，一眼就可以认出封面上这只拥有简单造型的可爱小动物，可见阿德是一只辨识度超高的蜘蛛。孩子们的眼睛里分明写满了对它的好奇和期待。能让孩子一眼就喜欢上的形象，该是多么贴近孩子的生活！从这一点来说，作者汤姆牛是一个很了不起的人。

带领孩子们第一次读这本书的我，心中充满了愉悦，因为我分明浸润在孩子们热烈而清澈的目光中，我知道，接下来的绘本阅读之旅会让孩子们的眼睛更加明亮。第一页、第二页、第三页……当阿德晕头转向地学着爸爸的样子织出一张普通意义上的蜘蛛网时，孩子们竟然舒了一口气。看样子，在孩子们看来能学会织网的阿德对即将到来的独立生活是可以从容面对的。此时孩子们敏感地观察到阿德和爸爸妈妈说再见时的表情，在他们的理解里，爸爸妈妈的远行足够使阿德沮丧而无力，而阿德并不喜欢这种对生活的深层理解，需要在特别的提示下，或者在读第二遍甚至第三遍的时候去体会。此刻我悄悄地用很慢、很不一样的语气和声音读出这一句话："阿德学爸爸织了一张网，不过，它觉得这好像并不是它想要的。"并离开画面询问孩子："阿德想要的是什么呢？"这样的停顿对阅读有了不易察觉的推动力。

接下来的故事仿佛打开了一个新的世界，孩子们频频发出"哇哦"的声音。那些别具一格的蜘蛛网真的打开了孩子们的想象，它们充满了神秘的质感，尤其是第一幅作品，阿德在公园里听到了从来没有听到过的美妙歌声，于是织出了第一张网"爱唱歌人"。孩子们仔细观察着这幅作品与它的摹本的异同，然后捂着小嘴巴说："真有意思。"而更有趣的是苍蝇们在听到阿德兴奋地介绍自己的作品时嗡嗡飞走，这里出现了一个可以深度思考的冲突。对比第三幅图，织完网的爸爸躲进树叶，阿德的行为显然充满了单纯的快乐，它的网并不是用来捉住虫子以获取食物的，或许在它的认识里，苍蝇们之所以被网粘住是因为喜欢而"自投罗网"。这里可以深层探讨的内容很适合大班的孩子。随着第二幅作品的出现，孩子们仿佛寻到了蛛丝马迹，他们能够通过画面去猜测阿德接下来的创作，并深深折服于这些奇思妙想。同样折服的还有蜘蛛观众们，它们从一开始的笑翻到后来的期待也非常值得孩子们一起探讨。

　　除却这些非同一般的作品，我更感动的是阿德为自己的作品命名，"爱唱歌人""骑单车去旅行""树枝上的鸟儿"……我能够想象得出创作完这些作品的阿德该是多么满足，它们有名字，有存在，是用心的作品，是不可替代的作品。带着这样一种感受，我向孩子们提出一个水到渠成的问题："如果你是阿德，你会创作出什么作品呢，请告诉我它的名字！"果不其然，孩子们的回答让整个教室热烈起来，无一例外，孩子们的作品都是自己最喜欢的。直到这一刻，孩子们已经完全可以体会得到阿德创作时的乐趣和蜘蛛观众们看到阿德作品时的惊喜。但是故事的转折忽然出现了。故事的节奏张弛有度，教室里一下子安静了下来。

　　绘本第十三页画面的背景色逐渐暗起来，当看到饿得八脚朝天的阿德时，孩子们紧张坏了，他们甚至以为阿德已经饿死了。"为什么阿德会饿成这样呢？"孩子们从紧张中抽离出来开始对比前面的画面进行分析，"阿德的网不够密呀""阿德做好了网子应该躲起来啊""阿德的网子让苍蝇一下子就看见了啊"……带着问题的观察和讨论明显事半功倍，孩子们唏嘘之余期待着转机。终于，蜘蛛古伯乐带来了一网的食

物，阿德有救了。而阿德的作品从此更加鲜活有生机。孩子们兴奋地认出阿德的新作品，并有意识地给它取名字，教室里一下子又沸腾起来。

在绘本的倒数第二页，阿德的爸爸妈妈回来了，从它们的笑容里，孩子们仿佛能听见爸爸妈妈的啧啧称赞声。有趣的是，不管哪一个年龄段的孩子，包括已经上初中的孩子读到这一页时，都提出了一个相同的问题："阿德去哪儿了？"这是一幅很具开放性的画面，在最该得到掌声的时刻，阿德不见了？阿德是真的不见了吗？最后一页给出答案，它继续专心地去做自己喜欢的事情了！

读到这里再回头去了解这本绘本的名字时，孩子们对"艺术家"一词若有所思，原来艺术家是专心做自己喜欢做的事情，并不只为填饱肚子，还能让更多的人感受到惊喜。就如绘本中蜘蛛观众们所言："阿德的网能带给他们惊奇、快乐和无限的想象。"而这本书也同样引发我们无限的想象和无限操作、讨论的可能：续编故事、画出"自己的网"、手工制作能转动的"熟知的鸟儿"……想象力一旦被激发，快乐和它本身的价值是成倍的。

其实，令我感动的还有阿德坚持做自己的勇敢态度。确实如此，当我们还是一个孩子的时候，像阿德那么小的时候，我们的心思也是别具一格的吧，我们是否也具有那么美丽的创作源泉呢，而行至成年的我们是否还可以看到它们？期待您打开这本绘本时找到答案。